上海市新闻出版专项资金资助项目
中国社会工作史料汇编（第一辑）

社会救济

柯象峰　编著

華東理工大學出版社
EAST CHINA UNIVERSITY OF SCIENCE AND TECHNOLOGY PRESS
·上海·

图书在版编目(CIP)数据

社会救济/柯象峰编著. —上海：华东理工大学出版社，2019.2

(中国社会工作史料汇编. 第一辑)

ISBN 978-7-5628-5714-3

Ⅰ.①社… Ⅱ.①柯… Ⅲ.①社会救济—历史—中国 Ⅳ.①D632.1

中国版本图书馆CIP数据核字(2019)第039667号

内容提要

本书主要内容包括社会救济总论，我国过去社会救济事业的回顾，各国社会救济事业的发展历程与概况，我国社会救济事业的现状及问题，对老年人的赡养，对儿童的救济，对不幸妇女的救济，对患有疾病身体残疾人士的救济，对乞丐的救济，对灾民的救济，对难民救济，对贫民家庭的救济，等等。本书的出版，有利于读者了解1944年之前我国社会救济事业的发展概况。

策划编辑/刘　军
责任编辑/章斯纯　刘　军
装帧设计/徐　蓉
出版发行/华东理工大学出版社有限公司
　　　　地址：上海市梅陇路130号，200237
　　　　电话：021-64250306
　　　　网址：www.ecustpress.cn
　　　　邮箱：zongbianban@ecustpress.cn
印　　刷/上海展强印刷有限公司
开　　本/890mm×1240mm　1/32
印　　张/8.625
字　　数/155千字
版　　次/2019年2月第1版
印　　次/2019年2月第1次
定　　价/98.00元

华彩百年文章传道

风云世纪专业流芳

谨以此丛书纪念中国社会工作百年历程

谨以此丛书纪念中国社会工作恢复卅年

丛书总序

自20世纪初社会工作专业被引入中国以来，到今天已经有了百年历史。中国社会工作的百年发展史跌宕起伏，映射出近代中国的经济社会发展与政治变动情形。

20世纪80年代后期，沉寂了30多年的社会工作在中国内地恢复重建，当时仅有4所高校开设社会工作本科专业。经过近30年的发展，现在已有300多所高校开设这一专业、100多所高校招收社会工作专业硕士，已经形成从专科、本科到硕士、博士、博士后的完整人才培养体系。与此同时，社会工作实务也渐次开展起来，到2017年年底，全国已经注册成立了近7 000家提供专业社会工作服务的社会服务机构，基本涵盖了社会工作的各个实务领域。可以说，社会工作作为一种专业制度安排，在中国内地已然获得高度认可。

回顾近30年中国社会工作的恢复重建历程，我们能够看到一条清晰的发展线索：从最初的“拿来主义”到本土理论和实务经验的生成。20世纪90年代到21世纪初,中国社会工作从课程体系、教学体系到实务操作,基本上照搬了我国香港、台湾地区以及欧美国家较为成熟的模式,也出现了“水土不服”的现象。但是,中国社会工作学术界和实务界没有忘记探索自己的道路,并取得了一定成果。

从1998年开始,中国社会工作教育协会组织编写社会工作系列主干教材,跨出了学科自省的步伐。2001年,王思斌教授提出了社会工作“本土化”的命题,倡导并鼓励人们根据中国的国情、政情和社情进行社会工作教育模式和实务模式的探索与理论提升。在“本土化”导向的驱动下,中国社会工作学术界和实务界努力挖掘“传统资源”,检讨“西方学说”,总结“中国经验”。

作为一家以社会工作图书出版为特色之一的出版单位,华东理工大学出版社一直致力于社会工作“本土化”图书的编辑出版。这次推出的“中国社会工作史料汇编”(第一辑)包括6种图书:《社会工作导论》(蒋旨昂著)、《现代社会事业》(言心哲著)、《医院社会工作》(宋思明、邹玉阶著)、《精神病之社会的因素与防治》(宋思明著)、《社会救济》(柯象峰著)、《社会事业与社会建设》(复旦大学社会学系编)。这些著作均为民国时期的出版物,代表了民国时期社会工作理论研究和实务经验的最高水准,具有极大的出版价值。

进入21世纪以来,中国的社会工作学者们通过“参与式行动研究”模式，即作为集理论研究者和政策倡导者于一体的角色深入实践开展专业社会工作，成为推动新的社会服务体系建构、社会组织发展和基层政府社会职能转变的重要力量。“中国社会工作史料汇编”（第一辑）的推出，可谓生逢其时，能够为中国社会工作学者的进一步探索提供别样的视角和有益的借鉴。

当前，中国特色社会主义进入了新时代，中国社会工作学者要以习近平新时代中国特色社会主义思想为指导，继续深入开展理论建构与实践建构，积极建设具有中国特色、中国风格、中国气派的中国社会工作理论体系和实务模式，以更好地服务于我国的社会发展、社会建设和社会治理实践，更好地服务于提升我国软实力与国际话语权的建设实践。

愿这套丛书能够更好地助力新时代中国社会工作的发展！

徐永祥

导 读

柯象峰又名柯森，生于1900年，安徽贵池人，他是20世纪我国著名的社会学家。1924年，柯先生毕业于金陵大学，并成为该校社会学系第一位助教。1927年，他赴法国里昂大学攻读“社会经济学”博士学位，1929年完成了题为《中国的生产、信贷与交易组织(1894—1914)》的论文，获得了博士学位，随后转赴英国进修半年。1931年，柯先生回国，开始担任金陵大学社会学系教授，并先后担任系主任、校教务长等职务。抗战期间，金陵大学南迁成都，在柯先生带领下社会学系主要研究战时大后方实际社会需求。自1940年开始，柯先生陆续担任国立编译馆社会学科专门名词编订委员会审订委员、社会部“社会学设计委员”、中国社会学社第七届理事会正理事(即会长)等职务。抗战胜利后，金陵大学回迁南京，柯先生也迎来了其学术生涯的“短暂春天”。1947年，他先后赴英国、美国等地进行了考察、讲学等。1948年，他回到金陵大学继续任教，但因时局变化，社会学系暂停招生，1952年，在全国范围内社会学学科被取消，他被迫到南京大学外语系、经济系任教。直到1979年，社会学恢复重建，柯先生担任中国社会学研究会顾问，参加了一系列社会学重建工作，为我国社会学事业倾注了最后的心血。1983年10月23日，柯象峰先生于南京逝世。

柯先生主要从事社会学、经济学、人口学等教学与研究工作，先后讲授了劳动保险、劳动政策与立法、人口统计、人口地理、生命统计、社会调查研究等课程，著有《中国人口问题》《中国贫穷问题》《社会救济》《保民婚俗》等研究著作。在转任南京大学外语系教授时，他先后翻译出版了《欧文选集》《黑格尔选集》等著作。这些著作产生了较大的社会影响。纵观柯先生学术研究生涯，人口问题研究是其研究的重要领域，而且始终贯穿其一生，他关于贫困问题与社会救济问题研究都是从研究人口问题衍生出来的。学者陆远认为"人口—贫穷—救济"构成了柯先生学术思想的一条主线。尽管"救济"是这条主线的末端，但是，"救济"研究使得这个主线显得更加完整。柯先生的《社会救济》这部著作正是处于这一主线的末端，并且从学术价值角度看，该著作是民国时期第一部系统综合地研究社会救济的著述，足见这本书的学术地位与价值。

《社会救济》这部著作最早由正中书局于1944年出版。这本著作的出版主要基于两方面的原因：一方面，当时国民政府社会部邀请社会学教授组建了社会救济研究委员会，该委员会的目的在于用社会救济研究成果为当时的社会行政提供参考与建议。但是，其他学者忙于教研工作，仅有初步探讨，缺乏综合性研究成果，柯先生因主持该委员会，又参阅了大量研究材料，为“求正于大雅”故而撰写了这部著作。另一方面，《社会救济》是柯先生另一著作《中国贫困问题》的延续，柯先生原计划撰写《贫穷与救济》著作，一直未能如愿，这部著作给了他“以赎前愆”的机会，也构成了他学术生涯完整的主线。

这部著作共分为两部分：一部分是总论，论述了社会救济的基本含义、我国历史与现状、欧美的经验；另一部分是分论，按照服务对象进行划分，分别论述了对老年人、儿童、妇女、残疾人、乞丐、失业、灾民、难民、贫困家庭等的救济方式，最后加以总结。整部著作不仅回顾了我国古代的社会救济思想、制度与实践，还有当时社会救济现状，而且论述了英、德、法、美等国家的社会救济制度与方法，并进行了对比分析，指出了其中的优劣，提出了推进社会救济发展的建议。虽然这部著作以“社会救济”为题，但是，从内容看，这部著作已经具有现代社会救助学的特征。在阐释理论时，该著作不是单纯地强调“社会救济”的“救济”“予施”，而是从现代社会的公民权利角度进行论述，注重“社会援助”，突出公民权利意识，强调社会公平正义；在论述实践方式时，重视国家和社会的法定程序，关注专业方式方法，突出保障民众基本生活的社会保障制度建设这一重点。因此，这部著作具有“鉴中西方社会救济之优劣、开现代社会救助学之先河”的典型特征。

在这部著作的第一部分总论中，柯先生首先指出了社会救济是一种“社会工作及现象”的本质，目标在于“援助、纠正、调整或者改善”人的“不幸、不良、不平或不安之状态”。同时，他生动形象地指出了社会救济与社会福利的区别，社会救济在于治疗“治标”，而社会福利在于保健“治本”。结合中西方理论与思想，从社会责任论、社会关联论、社会道德论三种理论与思想角度论证了社会救济的依据与必要。通过比较其他学者们观点，柯先生认为社会救济对象应该分为两类九种，即：（一）常时受救济者，包括老年失养者（如鳏、寡、独）、失养儿童、不幸妇女（如被虐待之婢妾、被压迫之娼妓、被遗弃之妇女）、病废者（如贫病者、肢体残废者、精神病者）、乞丐流民、贫民家庭等；（二）临时受救济者，包括灾民（如受天灾之打击者）、难民（如受兵灾之打击者）、失业者（如受经济恐慌之影响或不良产业制度之被牺牲者）等。这种分类比较清晰、合理，这部著作也是按照这一分类标准展开进行分别论述。

在我国古代社会救济事业研究中，柯先生指出了古代社会救济事业以“救荒”为中心，存在着偏重“施予”的思想、消极的应付、缺乏科学方法及技术等问题。同时，他按照社会救济过程步骤与具体特征进行了分门别类的论述，主要包括四种类别：第一类为预防或治本（所谓先事之政），包括重农、仓储等；第二类为救济或治标（所谓临事之政），包括禳灾祈福、修明政治、编整户政、筹款调粟、赈济养恤等；第三类为善后或补救（所谓事后之政），包括内辑流亡、缓抚灾黎等；第四类为经常救济，包括私人义庄、公共安济院等。柯先生认为上述救济措施在一定程度上增进了古代社会救济的功能，如果能够“因时因地因势而活用之”，仍然可以“择善而从之处”，使其发挥作用。

在欧美国家社会救济研究中，柯先生首先论述了英国社会救济法案的发展，并指出了英国社会救助的主要措施包括贫穷救济、失业救济和失业保险三方面内容。关于德国社会救济事业，他论述了汉堡制与爱伯福制、社会保险制度、公共协助与冬季救济等内容。关于法国社会救济事业，他论述了一般社会救济历史、天灾救济、社会行政等内容。关于美国社会救济事业，他对社会救济事业历史与现状进行了研究分析。最后，综合欧美社会救济状况，他指出了理念积极化（消极的社会救济到积极的社会福利行政）、行政集中化（私人慈善事业到政府举办）、措施法制化（习惯的办法到社会立法）、救济类别化（混杂的机关救济到专门或各别的机关救济）、实施专业化（直觉的施舍到社会个案工作）等主要发展趋势。

在国内社会救济现状研究中，首先，柯先生按照横向和纵向维度划分了社会行政体系，横向包括公共的与私人的、经常的与临时的两类，纵向的包括中央、省、县或地方三个层级，并对社会救济事业的区域、行政机关、机构等进行了数据分析研究。同时，他对公立的临时或特殊的社会行政机关及其救济事业进行了全面系统研究，并对私立的经常与临时或特殊的社会救济事业进行了详细研究。按照公私分类，他指出了当时社会救济存在的主要问题：在公共救济方面，存在着社会行政机构重复、缺乏合作、浪费人力财力、行政人才缺乏、理论与技术未臻完善、经费不足工作敷衍等问题；在私人救济方面，存在着目标偏向消极作用、重人治而乏法治之精神、组织松懈规模狭小、人才缺乏训练、方法渐科学化、经费不足及不定等问题。

在这部著作第二部分分论中，柯先生按照救济对象的划分进行了研究，其中，针对老年人赡养与儿童救济论述较为详细，关于不幸妇女、疾病残废、乞丐、失业、灾民、难民、贫困家庭等救济论述较为简洁。首先，他对老年人社会救济进行论述。在老年人社会救济中，他认为突出了“赡养”，在对老年人的含义和类型进行论述后，对老年人失养的社会责任原因进行了分析，并指出了老年人的医、养、尊重、同情与爱护等赡养需要。通过分析中外老年人赡养办法，从原则、标准、方法、步骤、组织、人才、经费等方面指出了改进老年人赡养的具体措施。

在儿童救济研究中，柯先生指出了儿童发展阶段、种类与问题，重点论述了有困难有问题的特殊儿童，包括失依儿童、失养儿童、失教儿童、流浪儿童、非婚生儿童、解组家庭之儿童、残废儿童、低能儿童、精神病儿童、过失儿童、劳动儿童、被拐卖之儿童十二种儿童，也是需要救济的儿童。他从社会需要救济儿童与儿童需要社会救济两方面论述了儿童需要救济的原因，并对善生、善养、善教、善保、正常之家庭生活或家庭之爱五个方面论述了儿童救济内容。同时，结合欧美与国内儿童救济状况，他提出了从设施原则、步骤、方法、组织、经费五个方面改进儿童救济措施。

在不幸妇女救济研究中，柯先生认为“失去普通公民所应受之自由的妇女”都是“不幸之妇女”，这一界定具有明显的现代公民意识特征。进而，柯先生指出了不幸妇女的主要类型，包括婢女、妾、娼妓、被遗弃者、孤孀，其他如被拐卖者及童养媳等。结合婢女的救济(妾的救济)与娼妓之救济方法，他论述了不幸妇女的社会救济及其改进措施。在疾病残废救济研究中，柯先生结合贫病者、盲人、聋哑、肢体残疾、精神病人等类型论述了疾病残废的内容与问题，并从社会角度论证了这些疾病残废救济原因与救济内容。同时，他根据上述疾病残废类型论述了具体救济办法。在乞丐救济研究中，柯先生指出了乞丐的类别与问题，从法令禁止、机关救济与处置等方面论述了乞丐救济或处置步骤与办法。在失业救济方面，柯先生从失业者类型、问题与需要等方面进行了分析，并结合国外失业救济措施梳理论述，探讨了国内失业救济改善措施，如实施计划经济、预防失业、职业指导与介绍、实施社会保险制度等。在灾民、难民及贫民家庭救济研究中，柯先生指出了灾民救济的具体方法、难民救济步骤与措施、家庭救助具体方式等内容。

在这部著作的最后部分，柯先生根据上述分析得出了结论：第一，社会救济的理想与目标。他进一步指出了社会救济的本质是有目的有所为的社会工作，在社会行政体系中占据重要地位。他认为社会救济应坚持社会正义理念，救济不幸者是社会责任，应以人类同情心为要素，发挥互助功能，以实现“大同社会”为终极目标。第二，社会救济的实施原则。他认为社会救济以不幸或弱小民众为对象，应发扬民众同情与互助的美德，坚持标本兼治、预防与救治并重，适合国情与习俗，采取科学技术，促进国家、社会、家庭与个人通力合作，以确保家庭正常化和机关家庭化为标准，注重个人功能发挥，建立统一行政机构，公私机关应分工合作，培养专业人才，实施专业制度，政府与社会共同筹措经费，拟定并颁布社会救济法。第三，社会救济的发展趋势。他认为社会福利行政发展，需要多种条件配合实施，采取“稳扎稳打办法”，“一点一滴地向前做去”，最终将取得一些成就。此外，本著作还附有“纽约之‘老年救济’”与“垫江育婴堂章程”两部分内容，以便进一步了解社会救济。

柯先生的《社会救济》这部著作堪称现代社会救助的一部“压缩版百科全书”，它非常系统、综合地再现了古今中外的社会救济思想、制度与经验。这部著作逻辑思路非常清晰，从整部著作的总论到分论，再到具体议题论述，层次鲜明，易于理解。尽管部分章节比较简洁，似乎令人感觉缺憾，但是，这部著作的相对完整性足以弥补这一缺憾。在这部著作中，柯先生尽可能地收集大量历史资料、前沿研究、调查数据等展现社会救济的全貌，书中列举了大量社会救济的实例、政策与法规，语言运用也较为生动、形象，可读性也非常强。

我们今天读《社会救济》这部著作，依然会发现它具有一定的学术价值。这部著作不仅有助于我们重新认识民国时期的社会救济，而且，有助于我们重新确定社会救助的对象与内容、过程与步骤、组织与人才等关键议题，有助于指导我们从事社会救助研究。同时，这部著作的理论与观点也依旧具有指导意义，该著作中论及的社会责任论、社会关联论与社会道德论等理论也是今天社会救助研究的重要理论。在该著作中，柯先生始终认为社会救济具有社会工作的本质特征，对于纠正当前社会工作“医学化”倾向具有一定作用，有助于矫正社会工作发展方向，促进社会工作回归救助、回归社会。柯先生在这部著作中还明确指出了社会救济存在的一些问题，如社会行政人治问题、救济资源浪费问题、专业化程度不足问题等，也是目前我国社会救助面临的一些突出问题，有助于我们进行进一步的反思。柯先生还提出了一些解决措施，如推进社会救助立法、加强公私合作、整合救济资源、培养专业人才、因地制宜采取措施等，这些对于我们今天社会救助的发展也仍然具有启发意义。不可否认，这部著作已略显“过时”，但“余热”依旧，它适合社会工作、社会保障、公共管理等学科与专业领域同仁参考、阅读、交流。

张学东

2018 年 10 月

本书序言

社会救济系社会行政之领域中主要的工作之一，所涉及的范围很广，方面亦多，如详加分析，恐非一二十万言之短著所能罄其词，因为其间每一项目，如作专题研究，皆可各成专著一册（如我国之救荒、老年人之赡养、失业救济等）。而作者此次应社会部友人之命，在半年的期间，写成此书，不可不说是一种大胆的尝试。这种工作也可以说是很难，因为材料如此之多，如叙述简短，难免挂一漏万；也可以说不是很难，亦正因为材料如此之多，如提纲挈领加以陈述，至少可以得一轮廓。

考此书写出之动机有二。一为社会部去岁曾请成都各大学社会系社会学教授合组社会救济研究委员会，对于此项问题共同研讨。如有结果，可供该部社会行政设施时参考之用。虽经数月之努力，终以同仁等教学忙冗，仅作初步之探讨，复缺综合之研究。同仁固不敢自满，友人中亦不乏期望过大，企勉改进者。作者以主持此会，负责独多，除本会同仁所提示之材料外，复详细参阅有关材料，不下百余种，仅就一得之愚，写成此书，以求正于大雅。二为作者于十年前曾写成《中国贫穷问题》一书，其中多为对贫穷之分析，而对于救济方面，仅涉端倪，未及详论，常引以为憾。今兹专论社会救济，实欲完成拟写之《贫穷与救济》一书，以赎前愆。

本书之内容系属于概论式，大致分为两编。第一编为总论，先讨论社会救济之意义、性质、范围及其重要，列为第一章。次论我国社会救济事业之回顾，涉及我国以往之社会救济事业，以资追溯先贤之遗规，作今日之借镜，列为第二章。复论欧、美各国社会救济事业之发展，涉及各国优良之制度及办法，以资吾人之参考，列为第三章。复次论我国社会事业之现状及问题，对于现状加以分析，以作改进之根据，列为第四章。第二编为分论，即对于救济之对象，逐一加以检讨。故第五章论老年赡养；第六章论儿童救济；第七章论不幸妇女之救济；第八章论疾病残废[①]者之救济；第九章论乞丐之救济；第十章论失业救济；第十一章以限于篇幅，略论灾民救济、难民救济及贫民家庭之救济等。其内容多为各类不幸者之类别、问题、需要及救济办法。在办法中，则多涉及方式、方法、组织、人才及经费各点。其间有前后雷同者，则为避免重复计，不多叙述。最后末章，将社会救济之理论思想、原则及前途各点，逐

① 这一说法在今天看来可能缺乏人文关怀，现一般用“残疾”一词。——整理者注(本书中的脚注均为整理者注)

一加以综合的论列，作为结论。

本书前六章论列较详，虽尽量作简单之申述，几已超过友人约稿时所限制之字数。故后数章乃不得不稍加紧缩，以致不能畅所欲言之处正多。最后以超过限额过多，且在病中，至十一章尤为紧凑，以至于简略(不过也不必重复，例如，灾民在第二章及第四章已详加研讨，故在本章仅作综合之概述，或不至于嫌其过简)。这是作者认为遗憾，而思万一有再版之机会时，当谋再予以充实的。

本书之成不能不对以往办理社会救济事业者之珍贵的经验及著述表示敬意，而友人中龙冠海、徐益棠、蒋旨昂、陈志潜、陈文仙、周励秋、李景汉、李安宅、汤铭新、姜蕴刚、张雪严、周信铭、张世文、孙少芝、戴邦彦诸君曾参加该会之讨论及研究，颇多提示，应致谢忱。而友人张鸿钧兄不断地予以鼓励及敦促，并加以校阅，使此书克底于成，私衷尤为感谢。按此书仍属一步初之综合的研究，粗枝大叶，不敢自满，尚希各方指正，同时仍希望能抛砖引玉，在不久的将来，能有各专题之专著相继出而问世，光大此项研究，则作者更觉欣幸了。

民国三十二年三月二十日[①]　象峰序于成都骆园

① 即1943年3月20日。

目 录

第一篇 总 论

第一篇

总　论

第一章　绪　　言

第一节　社会救济的意义

社会救济，简单地说，就是人与人之间的关系或社缘(注一)因某种疏忽、脱节、失调或者冲突，而发生不幸、不良、不平或不安之状态时，而加以援助、纠正、调整或改善的一种社会工作及现象。人与人之间的关系，当处于平妥安适，以及运行润滑、往复自如的时候，人们是幸福的，社会是繁荣的，那是一个最理想的社会，最完满的境地，可是同时也是最难得实现的乌托邦。在目前我们距达到这境界还是相当的遥远，社会问题是不断地在那儿发生。不幸的事实，悲惨的命运时常降临人间。呼号之声，愤懑之气，仍充沛于社会中。我们大都是仍为阴霾之气所笼罩着的。

例如，人生的阶段中，当一些人们胼手胝足，由少而壮，由壮而老，辛勤工作，差堪糊口，及至年老力弱，疾病缠身，工作停顿，收入竭少，家无储存，外乏援手。如照我国民间习惯，养儿防老，儿子夭逝于前，留此孤老，无人赡养，生活必发生问题，冻妥堪虞。人生至此亦云惨矣。是谁之过，能不予以救济？此种不幸事实之发生，乃由于各种不合理、不完备之社会制度所肇因。例如，工资过低，不足以谋储存，或有钱可存而内地又乏健全储存之机构及便利。或则虽有储存及产业，而天灾兵祸又时时加以危害，苦无保障。如儿子成年，可以生产，维持家计，但一旦生病又苦于医药缺乏，公共卫生制度不善，生命毫无保障，以至于夭亡。或教育制度不良，本人既无教育，复易习染各种不良习惯，荒嬉浪费，不知储存，及至晚年，无以为生。凡此种种疏忽脱节及失调状态之存在，不幸之终局，乃为不可避免之命运，有待于社会上之各种援助调整及改善。此种工作亦即吾人所谓之社会救济。

又例如有一般不幸的儿童，遭人遗弃，或则因系非婚生子，在法律及社会上，无适当的位置，父母不便抚养，或者因父母死亡，无人抚养，又或因父母穷苦，无力抚养，皆由各方面之非正常的关系所造成。赤子无辜，何以为生？救护、保育、教养兼施，责在社会，亦即吾人所谓之社会救济。像此类例子当然很多。其他如不幸之婢、妾、娼之解放，援助或行为之纠正，残废疾病者之扶持，乞丐流民之整顿，灾民及失业者之援助与调整，均属于社会救济工作之范畴。

与社会救济性质相近，而立场又稍有不同者，就是社会福利。社会福利可以说是社会的保健，相当于吾人日常生活中之卫生或保健，是比较广义、积极、预防、治本的。而社会救济则可以说是社会的诊治，相当于吾人生病时之治疗，是比较狭义、应急、治标的。但是社会救济工作的终极离不开社会福利。而社会福利工作即使完备，也难免不幸事项之不再发生，而有待于救济。正如治疗所以恢复健康，而保健仍有需乎治疗一样。二者相辅相成、相互为用，是一物之两面，是一事之两段而不易分开的。

第二节 社会救济的性质及需要

我们为什么需要社会救济？这可以至少从三方面去阐述。

一、从社会责任的立场说。人生的遭遇很难一帆风顺。因此很多的人常难免遭遇顿挫。如果本人有资力或其他办法可以应付，或者有家庭及其他关系的人可以维护，问题是比较单纯。如果自身无力应付这逆境，而且家庭及有关方面的人亦无从援助，则一旦遭遇顿挫，只有堕人不幸的深渊，无力自拔。社会救济当此时应发生作用。从此我们可以看出社会救济之应运而起，实因不幸之终局多直接由于贫困而起。有财力则逆境易转为顺境,穷困则逆境易趋于悲惨之境地。故贫困实为社会救济之症结所在。然而贫困者遭遇不幸时,何以需要予以救济。此又不得不加以探讨。在往昔以及目前仍受神权支配的人,其心目中多以为贫困乃恶行之果报,天将之罚,于人何尤?另有一些个人责任论者,则认为贫困实由各个人之能力微薄,或荒嬉颓废所致,自作之孽,于人何尤?这些说法初看似乎有些见解,但从科学的立场来说,却不值一顾。一则天道无凭,不能视为现实。二则贫困者有一部分固由本人之不长进,应自负其责任,但大多数的贫民却自身无过,而且有些还是最努力的民众。因此贫者不一定是能力薄弱,荒嬉颓废。而能力薄弱,荒嬉颓废者,不一定贫困,其间且有不少富有者。这是一种很普遍的社会不平,"社会的不公道"。这种"社会的不公道"是由于好多因素组成的,自然的、遗传的,尤其特别的是社会的各种不合理的社会制度所酿成的。

例如,美国吉宁教授将贫穷之原因归纳为三大项(注二)。(一)自然环境,其中包括(1)资源缺乏,(2)气候不适,(3)气候骤变或失调,(4)植物之病虫害,(5)天灾,(6)疾病。(二)遗传。(三)社会经济的因子,其中有:(甲)影响收入的因子,其中包括(1)养家者的死亡及废疾,(2)工业方面的灾害,(3)失业,(4)儿童时代环境不佳;(乙)影响收入及支出的因子,其中包括(5)工资过低，(6) 妇工及童工，(7) 错误的教育；(丙) 影响支出的因子，其中包括(8) 奢侈的习气，(9) 不善处理家庭经济；(丁) 生产与分配关系之失调，其中包括(10) 物价的巨变，(11) 限制生产，(12) 资富与收入之分配不均匀，(13) 人口压迫，(14) 婚姻失调，如(子) 寡居、(丑) 未婚、(寅) 离弃、(卯) 家庭失和，(15) 政治不良，如(子) 法制不公、(丑) 司法行政陈腐、(寅) 刑狱的消极态度、(卯) 政府度支的浪费、(辰) 国际关系失调，(16) 慈善或救济事业的失当，(17) 处置劳资争议的失当，(18) 生产教育缺乏。

此外，另有美国德士特教授(Dexter，R. C.)在他所著的《社会调整论》(*Social Adjustment*)第三章中，在论到贫穷原因时，除大致与吉宁氏所举之项目大同小异外，在社会经济的因子中尚列举有(1) 分配不公，(2) 生产及交易之未臻合理化，(3) 经济的周期恐慌，(4) 赋税不公以及(5) 娱乐不宜等条，可补吉氏之不足。而作者在所著之《中国贫穷问题》中，亦曾从政治、经济及社会之方面就我国社会实况加以分析，对于以上各家所提各项均列举事实，加以论到，就中复加入数点，为他国所少有者，如我国之(1) 内乱频仍，(2) 外患侵略与战争，(3) 经济之落伍，如交通之不良、外资侵略、高利贷，(4) 社会习俗，如恶劣嗜好(如鸦片)之害等。

就以上各种贫穷之肇因，如详加分析，多由于社会经济之各种制度所致。除极少数之项目应由个人负责外，大多数的致贫之因都是在超越个人能力所能控制的范围之外，个人不应独负其责。如果这是社会所造成的病态，这责任应由社会来负起一大部分。受救济者可以说是这不合理制度的牺牲者。这惨剧不幸而降临于某一个人，同情之不暇，安有示惠之余地。所以我们需要社会救济，因为这是社会的责任（注三）。

二、从“社会关联或连带”的立场说。说到关联或连带（solidarity）以及社会关联主义，或者社会连带主义，这是在法国二十世纪初兴而极有力的一派思想。作者以为说得清楚简明的，要算法国经济学界的泰斗季特教授（Charles Gide）。他在《合作论》中说：“关联是自然科学中一件基本的事实。因为必有关联然后有所谓生命。无论那[①]一种生物，那一件个体，考其所以活动的原因，都无非由于各肢体的任务，互相协作而起一种关联，或连带的关系。而各种生物的死亡，即系连带的关系的溃裂。”在社会经济方面，则自发明分工制度后，此种社会关联的现象尤为显明。在我们的日常生活上亦可看出“每有一种新发明，它的效果都无非将连带关系或者关联的范围更加扩大”。例如，自微菌学说发明后，连带关系的思想就益加发达。稍有科学智识的人，固不待言，就是乡妪村媪也都知道疫疾流传，系由微菌从中作传播的媒介。故此后，

① “那”，今写作“哪”。

人人都明白身体的健康,与邻居连舍及往还接触的人有密切的关系。他人一种无意的或不重要的举动,如吐痰于地,就足以将肺病的细菌散布空中,而断送我的生命。因为有连带的关系,我们做事就不得不顾及同类。例如,贫民住宅的微菌传播到富人的住宅里,这固然是一件可厌的事,但自知道疫疾流行系有微菌从中媒介以后,富人为要保全自家的安康,就不得不出资先将贫民的区所弄得清洁。当人家遇见一位有传染病的朋友,“第一个念头是不想和他握手,而想逃避他。这也是常情。但第二个念头,就是想用什么方法将这位朋友的病医好,以免连累自己”。故社会救济之兴起,也有此种思想为背景,至少在欧美是这样的。

这派思想如加以综合的叙述,还可以引用季特在他所著的《经济学原理》一书中(注四)所述的一段话。他认为该派主张这关联的精神或连带主义,应该变成人们行为的准则,一种应尽的责任。其理由乃因每一个人的行为一定对于其他的人士以及彼此间要发生某种影响,也许是祸,也许是福。因此,我们彼此间相对的义务及损害,也随之而剧增。如果任何人发生不幸,我们都应当去援助,责无旁贷。因为第一,我们深深地知道我们或者对于他人的不幸,应负一部分制造的责任,例如投资不当、立法欠妥,我们既负有责任,那就应该援助他们。第二,我们也知道对于这些不幸或祸害的蔓延,迟早也许要把我们本人或我们的子孙变成牺牲品,自食其果，例如，疾病的传染、恶行的破坏，循环往复，永无止境。因此，我们应当把人类社会组成一个互助的大社会。在社会中根据善意的指导，使这关联的精神，变为社会的正义和公道。每一个人应分担别人的艰难与痛苦，而同时也可以分享别人的康乐与幸福。

在美国思想界，亦有此类的理论，例如布莱克马及吉宁教授说（注五）："社会组织是有机体的各部分间的构造，及各分子间的关系，是十分密切的。健全分子固然要加以保护，残弱者也应当加以留意。譬之一人痛手，其始似与心胸无关。苟不就医，势将延及全身。如果说手病而整个身心可保健全，此为不通之论。同样的，如果社会有不健全的地方，而整个社会始终可以保持健全，亦属不可能。所以社会如果要健全，也应当注意那一般老弱残废困苦的人士——不健全的部分。"这话实为至理名言。当然在中国也有不少属于这类的思想，毋容赘述。而唇亡齿寒，尤为吾人所常用的口语。

根据以上的见解，同一社会的人士实在是休戚相关、祸福与共的。这关联或连带关系是拆不开的。救人即所以自救，助人即所以自助。因此社会救济实在是一个应各方面需要而起的工作。

三、从发扬我国社会道德的立场说——我国对于世界文化之贡献在科学、艺术及宗教等方面，尽管微薄，相形见绌，但在人的方面，尤其是在社会伦理方面，却有高深的造诣。因为我国文化根本就是一个以“人”为本位的文化。注重人与人的关系的研究，所以注重人伦或社会伦理。重视人与人相处的行为准则，所以重视道德。着眼于人性间的生活，所以着眼于现实。这是我国文化的特色，而为别的国家所不及的。最能代表这一类思想的是儒家的理论。其间有关社会道德的中心信条，是“仁”“义”及“恕”等，而尤其是“仁”。何谓仁？孟子曰：“仁者人也，合而言之，道也。”所以仁就是人之所以为人的道理。又从人从二，是即“人与人”或二人以上相处的道德标准。又曰：“士尚志。”何谓尚志？曰：“仁义而已矣。杀一无罪，非仁也。非其有而取之非义也。”又曰：“不仁哉，梁惠王也。仁者以其所爱及其所不爱。不仁者以其不爱及其所爱。”那就是仁者，不但不杀一无罪，或不死一无辜，是即所谓恻隐之心，不忍人之心。而且以其所爱及其所不爱，是即所谓推己及人，“己欲立而立人，己欲达而达人”的恕道。

其次说到“恕”，从如从心。这是将心比心，推己及人，一种处世的道理，而奉行的准则。就儒家的思想看来，就是“己所不欲，勿施于人”。如果共同生活的一群人，每一个人都对于不利己的事，也不让它害别人，或发生不便，则彼此间的关系必润滑圆满，感觉愉快，而能将摩擦减至最低的限度。不过据作者的分析，“恕”的正反两面合而言之，可分为五级。从反面说起，第一或最低级的是“己所不欲，施于人”。这是最不讲恕道的，所谓嫁祸于人、投井下石等卑鄙的行为，以及墨子所指天下之害，如大攻小、强劫弱、众暴寡、智谋愚、贵傲贱等，都可以归入这一类。当这一类现象普遍时，天下是大乱而人人亦自危。第二级则为“己所欲，不施于人”，是即于自身有利的事，独自把持，不与人共。凡一切自私自利的行为，如囤积居奇、独占市场等可以归到这一类。这距“恕”道还是有相当的距离。第三级或中级就是儒家所谓“己所不欲，勿施于人”。彼此如果能克己不损人，各不相扰，则人世间亦可免去许多纠纷。但是照作者看，这只是起码的恕道，一种消极无为的办法，还有不足之处。第四级或较高的恕道可以说应当是“己所欲，施于人”，是即有利于己者与人共之。这不但能设身处地地替人想，而且要起而援助之。彼此如果都能如此亲爱精诚地互助，则人世间亦天堂了。第五级或最高的一级，我以为是“人所不欲施于己”。这是凡不利于他人者我负荷之，是即每一个人有担负起别人不幸的勇气和实践。这是大仁、大义、大侠之行为。古往今来之圣贤、义侠、英雄、豪杰以及殉道者，能成就丰功伟业，皆由于具有此种精神，而达到成功。这是恕道发挥到顶点而为常人所不易企及的。如果人类大多数能行到“己所不欲，勿施于人”及“己所欲施于人”的地步，则人类已经是很幸福了。可惜的是连那中级的恕道，尚有难尽推行之处，而社会鲜有进步。目前世界大战中人类大屠杀，社会的不安都是肇因于此。

此种人类的最高的社会道德思想，在我国是自周代以来即已发达，可惜的是降及后世，由于缺乏推动与组织，有日就衰退之势。人与人之间常有冷酷、自私、缺乏爱、缺乏同情的现象发生。美国人司密斯（Arthur Henderson Smith）著《中国人的特性》，其中竟有一章题为“无同情心的中国人”。谁看到都心里难受，而且惭愧。但其所述事实，有一部分确是不容否认的。罗素虽甚尊敬中国文化，可是对我中国人缺乏同情心一点亦有所论列，这实是我国人之耻。实则人类之互助，乃社会进步之重要工具。克鲁泡特金在他的《互助论》中曾说得很详细，而人类相互间之同情，实为吾人最珍贵之社会性。如果此优良之社会性，残缺不全，这社会一定要退化而趋于灭亡的。如果我们能将此类社会道德加以发挥，使其繁荣滋长，发挥光大，则岂止社会之幸，亦人类之福。我们为保持及发扬我国这固有的社会美德，并促进我国社会进步起见，实有提倡社会救济之必要。

根据以上三方面的事实及理论，社会的责任、社会的关联，以及须发扬固有的社会道德，社会救济实在是我们绝对需要的工作了。

第三节 社会救济的范围——对象及其分类

社会救济固然是需要，但是谁需要救济？或者说社会救济的对象是什么呢？平常说起来，总以为老年人需要救济。但是事实上需要救济者，不尽是老年人，而老年人亦不一定需要救济。例如，老年人自己有积蓄，不需要救济，无积蓄而有亲属者亦不需要救济。儿童亦然，需要救济者不尽是儿童。凡属儿童亦不一定需要救济，如果他们有父母亲属，力能抚养的话。至于不幸妇女如婢妾，固然需要救济；然如果父母不能养活因而鬻身，一旦所遇主人慈祥，予以爱护，亦无需乎救济。其他如残废者，虽有不少需要救济，但亦有虽属残废而仍能生活优裕，事业伟大者。美国大总统罗斯福即其一例。又如我国亦有孤、独、矜、寡为社会上一般救济之对象，固先王发政施仁先此四民(注六)。但实际上，鳏、寡、孤、独，虽然多不能自养自立，而有获得救济之必要，不过我国有家族的互助，亦有时不至于依赖外人或社会来救济。因此，我们可以说人类遭遇不幸有时是避免不了的，但如果有经济力量来应付，也许不成什么问题。成为问题的是一般已受贫穷袭击的人，一旦遭遇不幸，只好堕入悲惨的深渊，而不能自拔，以至于死亡而后已。所以社会救济的对象是贫民，尤其是贫民中的不幸者，社会上的畸零人[①]。

贫民的范围已经很广，其中遭遇不幸的人类当然也很多。种类纷繁、复杂，其间有鳏、寡、孤、独、废疾者，或失养儿童、婢、妾、娼

① “畸零”是孤单、孤独的意思，“畸零人”与前文中鳏、寡、孤、独意思相近。

妓、疾病、低能①、乞丐、流民、灾民、失业难民，等等。各种人之性别、年龄、身份、身世、环境、肇因、能力及需要等性质不相同，如施以救济，且不能不因人而施，方法各异。关于被救济者之分类，各家看法不同，例如：(甲) 如根据需要来分，有(1) 需要全部救济者，与(2) 需要一部分救济者；(乙) 根据性别年龄分，则有(1) 老年，(2) 儿童，(3) 妇女；(丙) 如根据受救济之久暂分别，可分为(1) 常时受救济者，及(2) 临时受救济者。其中似以第三种分法为最宜。因在受救济者中有一部分人实因无经济力及生产力量，换言之即一般事实上不能自力、自养、自助而需要长期或经常救济的不幸者，另一部分人则为平时是过着常态生活，能自力、自养、自助，不过因偶尔遭遇非个人所能抵抗的天灾人祸，如水旱之灾、经济恐慌或战事影响，受了打击，一时无法生活而需要临时的援助者，一旦事过境迁，仍有恢复原来生活之可能。兹分别如后。(甲) 常时受救济者：(1) 老年失养者(如鳏、寡、独)(注七)，(2) 失养儿童，(3) 不幸妇女，如被虐待之婢妾，被压迫之娼妓，被遗弃之妇女，(4) 病废者，如贫病者，肢体残废者，精神病者，(5) 乞丐流民，(6) 贫民家庭等；(乙) 临时受救济者：(7) 灾民——受天灾(水、旱、风、雹、地震等)之打击者，(8) 难民——受兵灾之打击

① 此种说法在今天看来可能缺乏人文关怀，现一般使用“智力障碍”。

者(因战事影响而倾家荡产流亡无以为生者),(9) 失业者——受经济恐慌之影响,或不良产业制度之被牺牲者等。

分类方法很多(注八),唯以上分类似比较简明而合理,将供本书分析上之依据。

第四节 本书的计划及内容

本书的编著理论与事实并重,而尤着重于各种救济之设施办法。故首先从史的方面去检讨我国过去之社会救济事业及欧西各国社会救济事业之发展,次检讨我国社会救济事业之现状及问题,合为第一篇之总论。在第二篇中再分论(1) 老年人之救济,(2) 儿童之救济,(3) 不幸妇女之救济,(4) 疾病残废之救济,(5) 乞丐之救济,(6) 贫民家庭之救济,(7) 灾民之救济,(8) 失业者之救济,(9) 难民之救济。对每一项目之实施理由、实施原则及实施方案(如内容、方式、方法、步骤、组织、人才及经费)逐一加以论列。最后再将以上所论列者加以综合及组织,作为本书之结论。

注释[①]

注一 社缘是作者照"血缘"的用法所想建立的一个名词。血缘是指人

① 此类注释均直接复制原书。

与人之血统联系或关系。而社缘可以指一切人与人之间社会的关系。这是一个比较的广义的名词,包含各式的社会相。

注二　参看 Gillin,J. L.:“Poverty and Dependancy,Part Ⅱ.”

注三　参看柯象峰著《中国贫穷问题》第七、八、九章。

注四　参看 Charles Gide: Principes de Économique Politique, pp. 37 - 38.

注五　参看 Blackmar and Gillin: Outlines of Sociology, Part on Social Pathology, Ch, 3.

注六　《礼记·王制》篇有云:少而无父者,谓之孤。老而无子者,谓之独。老而无妻者谓之矜。老而无夫者,谓之寡。此四者天下之穷,而无生者也,皆有常饩。

注七　同注六。

注八　例如,有人分为:(甲) 贫穷救济,内分为(一) 安老,(二) 育幼,(三) 残疾收容教养,(四) 施诊,(五) 助产,(六) 代葬;(乙) 感化救济,内分(一) 不良少年之救济,(二) 不良妇女之救济;(丙) 职业救济,内分(一) 职业介绍及指导,(二) 流浪无业人之习艺,(三) 小本借贷;(丁) 临时救济,如水旱、天灾及其他临时灾难救济。

第二章　我国过去社会救济事业之回顾

第一节　我国过去社会救济事业之范围

我国以农立国，农业为国民经济之本。农民占全人口总数百分之八十以上。历代帝王之政治设施，复怀于“国以民为本，民以食为天”之旨；亦多以重农政策为重心。因重农所以养民，养民更不得不重农，而农民、农事、民食及治安亦互结不解之缘，故农民乃成政治设施之主要对象。一旦人民因天灾人祸，生活不安定或者遭颠沛流离，政府深惧动摇国本，当尽力之所及，而予以救济。但我国科学素不发达，控制自然的力量极为薄弱，农业技术亦甚幼稚，一遇天灾，即感饥荒。尤其不幸的是我国灾害特重，史不绝书，灾害发生之结果，民食恐慌，农村破产，农民感受饥馑，无以为生。社会秩序紊乱，或则死亡载道，如范围过广，灾民众多，亦常易引起叛乱与革命（注一）。据最近研究统计（注二），“我国历史上，水、旱、蝗、雹、虫、疫、地震、霜雪等灾害，自西历纪元前一七六六（商汤十八年）至纪元后一九三七年止，计三、七零三年，共达五、二五八次之多，平均约每六个月强即罹灾一次。若仅就旱灾而言，则此三、七零三年间，亦达一、零七四次，平均约每三年四个月强即罹灾一次。又仅就水灾而言，则此同时期中所发生者，亦达一、零五八次，平均每三年五个月即罹灾一次”。如果平均每约半年即有一次灾害，差不多每一年我国总有一处闹饥荒（注三），几乎成为长期的病态。这是何等的不幸！难怪西人（注四）研究中国问题的人称中国为饥荒的国家了。因为每年都不免有饥荒，则灾民不断的、大批的发生，是不可避免的。而这些灾民的救济也就成了主要课题，国家要视饥荒为要政了。

每当灾荒发生时，必有一大批人民受其打击，因为求食的缘故，终不得不发生“老弱转乎沟壑，壮者散于四方”，因而增加了大量的困苦、疾病、离散、伤亡等病态，而有待于援助。各地方安辑绥抚的工作，亦自然要加重，所设临时的救济工作，亦极紧张。但这不是说我国除掉这些因饥荒而造成的不幸者之外，就没有贫穷老弱和其他不幸者需要救济。事实上当然是有的，不过这些人虽然存在，却是因为被我国的社会组织（如农村社区家族生活）所笼罩含育着而未暴露出来。我国社会组织的基本单位，在地缘方面是农村，在血缘方面是家族，同居在一起的，多能秉古人遗训“守望相助、疾病相扶持”。在乡间居住过的多少还能体验得出这种“亲爱精诚”的精神，而非都市里的人民所能企及。同时在家族主义的思想下生活的人，又多能过着一种共产或互助式的集团生活。在这小集团中共同生活的人，多能获得生活的保障。因此疲癃、残疾、鳏寡、孤独、贫困无依者有亲属邻里或族人设法安插及周恤。是救济实已与平时的家庭的生活打成一片，而无须乎另行办理救济了。同时又因地缘的关系而发生的乡土的观念和情感，各城市都有同乡会的组织，亦本于救死扶伤互助合作的需要，对于流落异地贫困的同乡，都有予以援助或救济的办法。所以，每一个人在家有亲属邻里的互助，在异乡有同乡的援助，好多不幸者，皆因此而有出路了。所以我国过去的救济事业，对于一般的救济记载甚少，而灾民之救济极为普遍，记载亦多。因此说我国过去救济范围中主要的对象，或重心为农民中的灾民是极为明显的事实了。

第二节　我国过去社会救济之特质

我国社会组织既系以家族本位，故政治的本质，亦具有家族伦理之色彩。国家视同大家庭，君主俨然如家长，具有严父慈母之精神（至少是想这样做）。在儒家思想及实际上视为五伦之一，君主则视民如子弟，是即所谓“子民”。平时政治设施是以“行仁政”为最高标准。所谓保民、养民、安民、教民均秉为民谋幸福或福利之旨，亦若家长之治家及为子弟谋幸福一样。例如，唐尧之为君也，存心于天下，加志于穷民。一民饥，曰：我饥之也。一民寒，曰：我寒之也。一民有罪，曰：我陷之也。百姓爱之如日月，亲之如父母。所以平时则注意保养生息；遇饥馑之年，则注重荒政，是即所谓“古者以保息养万民，岁有不登，则聚之以荒政”。

例如，《周礼·大司徒》以保息六养万民：一曰慈幼，二曰养老，三曰赈穷，四曰恤贫，五曰宽疾，六曰安富，是古时对于广义的社会救济及福利已早注意及之，而且是纲目毕举。

又《周礼·大司徒》以荒政十二聚万民：一曰散财（贷种食也）（注五），二曰薄征（轻赋税），三曰缓刑（省刑罚也），四曰驰力（息徭役也），五曰舍禁（山泽无禁也），六曰去几（去关防之几察，使百货流通），七曰眚礼（杀吉礼也），八曰杀哀（节凶礼也），九曰蓄乐（谓闭藏乐器而不作），十曰多婚（多婚配则男女得以相保），十一曰索鬼神（求废祀而修之也），十二曰除盗贼（安良民也），是古时遇荒馑之年，政府辄多方设法解除民困，爱惜物力，而并济之以赈贷。

周秦汉唐历代君主莫不奉为圭臬。自宋而清，尤为完备。例如，汉文帝诏曰："方春时和，草木群生。万物皆有以自乐，而吾百姓鳏寡孤独困穷之人或阽于危亡而莫之省忧，为民父母将何如，其议所以赈贷之。"这是霭然[①]仁者之言。

唐元宗开元十五年八月制曰："河北州县，水灾尤甚，言念蒸民，何以自给？朕当宁兴思，有劳旰昃，在予之责用轸于怀，宜令所量支东都租米二十万石，赈给。"（注六）

又唐德宗赈给种子诏曰："春阳布和，万物畅茂，实兆庶乐生之日，农夫致力之时。今兹吾人，则异于是，迫以荒馑，愁怨无憀，有离去井疆，业于庸保，有乞丐途路，困于死亡。乡闾依然，烟火断绝，饷种既乏，农耕不兴。若东作愆期，西成何望，为人父母，得不省忧。虽国计犹虚，公储未赡，济仁之急，宁俟盈丰，罄其有无，庶拯艰危，京兆府百姓并赐种子二万石同华州各赐三千石……委州长吏即与度支计会请受，差公请仁恤之吏，与县令亲至村闾随便给村，仍加劝课，勿失农时，应诸仓所有远年粟麦，宜令节度更分二万石，京兆尹即差官逐使搬载，赈赐贫人，先尽鳏寡孤（独），目下不济者，务令均给全怡流庸。"（注七）是农贷及赈济已具规模。

他如籴粜、义仓、工赈等制度，历代曾加以采用。至宋代除救荒外，并有机关之设立，作长期之救济，如福田院、居养院、安济坊、

① 现写作"蔼然"。

漏泽园均用以留养老弱废疾，惠民药局等之设立，用以施医。此外私人之施行有规模之救济，如范仲淹之义庄，惜详细办法均有待于考证。

降至清代诸政更臻完备。对于社会救济之有关条文及材料，以较为近代而记载且较详尽，更易窥见其内容，可作吾人之参考。例如，清代对于保息之政有十，荒政有十二。关于保息之政：一曰赐复，二曰免科（免赋），三曰除役（古所谓力役之征并弛之），四曰赈茕独（设养济院以居穷民无靠者），五曰养幼孤（设育婴堂收养婴孩之遗弃者，给库币，立产，岁收租息以供乳哺之费），六曰收羁穷（设栖流所以收养四方贫病无依者），七曰安节孝（妇女矢志守节，养舅姑，抚遗孤，或贫无以自存者给养之），八曰恤薄官（资助贫宦回籍），九曰矜罪囚（狱囚之给养），十曰抚难夷（落难外侨之救济）——真所谓惠及万民，无分华夷。至于荒政则有：一曰救济，二曰极饥，三曰平粜（有类似今日之平价米办法之处），四曰贷粟（贷种籽），五曰蠲赋，六曰缓征，七曰通商（毋遏籴，货畅其流），八曰劝输（募捐），九曰严奏报之期（报荒），十曰办灾伤之等（调查），十一曰兴土功，使民就庸（工赈），十二曰反流亡，使民生聚（疏散灾民回籍）（注八）。以上各项均有规定的详细办法，同时立法，全国统一办理，各级官吏皆奉行无违，颇具成效，可资吾人之借鉴。

总之，我国过去之社会救济事业，是国家重要政治设施之一。

人君之贤否，官吏之考绩，亦多由此觇之。其优点固不为多，然亦有数点可得而言：一为偏重“施予”的思想；二为偏于消极的应付；三为缺乏科学方法及技术，应予改正。然综观一切，我国前贤之良猷，实不胜列举，其间有不少办法，如因时因地因势而活用之，仍可供吾人之利用而永为我国文化之宝藏。

第三节 我国过去社会救济之制度（方式及方法）

我国古代之社会救济事业，实以“救荒”为中心。因天灾不断地降临，动辄威胁千百万人民之生活，为造成社会贫困的一个重要因子。人民因受贫困之侵袭因而发生大量之死亡、饥饿、废疾、离弃、妇婴等不幸的事件，为不可避免而急待救济之对象，亦为显明之事实。除平时少数不幸者需要亲友邻里救济外，此一部分人民之救济，亦有不少为救荒之对象。故谈中国社会救济能抓着此种核心，自属事半而功倍了。

根据此种见解，拟将我国历代救荒及经常救济制度加以申述，以觇其演变之迹象。为调整材料起见，并分为四项叙明之：（一）预防或治本（所谓先事之政），内分（1）重农及（2）仓储二款，每款复各分为数子目以穷其底蕴；（二）救济或治标（所谓临事之政)，内分(1) 禳灾祈福，(2) 修明政治，(3) 编整户政，(4) 筹款调粟，(5) 赈济养恤等项；(三) 善后或补救(所谓事后之政)，内分(1) 内辑流亡，(2) 缓抚灾黎等项；(四) 经常救济(如私人之义庄及公共之安济院等)，以殿其后。

第一项　预防或治本(所谓先事之政)

我国历代先哲对于治事之本末，亦多能相机决策，条分缕析而井然有序，故对于救荒亦多能本标兼顾。事前之预防，临时之处理及事过之善后，均有不少良猷可为后人示范。兹拟先从我国对于灾荒之预防或防灾说起，惟[①]本书主题为社会救济，虽加以列举亦因限于篇幅，谨能作概略之叙述。

第一，重农——我国因自然条件之关系，向以农为社会经济之基础，故历代皆提倡农本主义。由农本主义之思想，进而采用重农政策。一方面改进社会条件，重农抑商以提高农民地位。一方面改进自然条件，兴修水利，垦荒植林，以促进农业之发达，以达到增进农产之目的。历代国家法令，以强本抑末为目标，以孝悌力田为明训。此皆重农政策之表现。考重农之举，远自殷、商、周以前即开始注意。周代重农之政已屡见于《尚书》《诗经》《周礼》《国语》《礼记》等书，已具规模。例如《礼记·王制》曰："国无九年之蓄，曰

① 现多用"唯"。

不足，无六年之蓄曰急。无三年之蓄曰国非其国也。三年耕必有一年之食，九年耕必有三年之食。以三十年之通，虽有凶旱水溢，民无菜色。”孔子亦曰：“足食，足兵，民信之矣。”均可证明周代重农之思想，其影响于施政之处自无待言。

至汉代对于重农政策之实施，并有社会关系之调整。法令中对于重农抑商，劝民务本屡见不鲜。例如，汉高祖既定天下，“令贾人不得衣丝乘车”，又重租税以困辱之。农民只出赋钱一算，而商人与奴隶则出倍算，实属贱视商人。孝惠帝四年时，举民孝悌力田者复其身。高后三年，考孝悌力田者奖二千石者一人。且为提倡农桑起见，帝亲耕，后亲桑，为天下先。例如，汉文帝二年诏曰：“夫农天下之本也。其开籍田，朕亲率种，以给宗庙粢盛。”汉景帝后二年亦有类似之诏曰：“雕文刻缕，伤农事者也。绵绸纂组，害女红者也。农事伤，则饥之本。女红害，则寒之原也。夫饥寒并至，而能亡于非者寡矣。朕亲耕，后亲桑，以奉宗庙粢盛祭服为天下先，不受献，灭大官，省徭役，欲天下务农桑，素有蓄积，以备灾害。今岁或不登，民食颇寡，其咎安在，其令二千石各修其职。”类此诏令，终汉之世，类见不鲜。

两晋南北朝之世，南北纷争，虽于兵戈扰乱之中，各朝诸帝，仍多效法前朝之重农政策，见诸诏令。隋唐两代，均重视农事，其制与前代大致相同，五代因兵乱稍见停顿，但自宋而历元明清益见变本加厉，日趋周密（注九）。

此外，与救荒防灾有关系者为水利与林垦。因我国历史上灾荒以水旱为最多，其害亦最剧。故历代谈救荒之根本者，无不注重水利，因水利兴，则水旱之灾可免，实为兴农富国之本。又森林之多寡，对于水量之调节关系至为重要，荒地不辟或荒地增加又皆为农业生产之大害。历代为政之贤达者，亦莫不连带的加以注意，载明史册。

第二，仓储——重农政策是在提高谷物之增产，而仓储政策则在充实谷物之蓄积，均所以裕民食、防饥荒之重要策略。

考仓储制度，滥觞于周秦，例如齐宣王发棠邑之仓以赈贫民（注十）。秦时陈留多积粟，督道有仓（注十一）。故自战国及秦，仓储已立，汉宣帝时，大司农中丞耿寿昌始奏设常平仓于边郡。史称耿于五凤楼中奏言政事："岁漕关东谷四百万斛，以给京师，用卒六万人，宜籴三辅、弘农、河东、上党、太原郡谷足供京师，可以省关东漕卒过半。天子从其计，耿寿昌随下令边郡皆筑仓，以谷贱时增其价，而籴以利农，谷贵时，减价而粜，名曰常平仓，民便之。"（注十二）仓储制度至是始完全确立，其后各种仓制遂先后相继产生，今约略述其梗概于后：

（1）常平仓——常平仓系以官府之财力买卖其谷，以平均及调剂市场上米谷价格为目的，由官府收集管理。于必要时，平均价格售给人民。

常平仓为古代遗法，起源当在春秋以前，至战国时魏国李悝始有较具体之制度。据云:“籴甚贵则民伤;甚贱则伤农,若民伤则离散;农伤则国贫,故甚贵甚贱其伤一也。善为国者,使民无伤,而农益勤,故大熟则上民三而舍一,中熟籴二,下熟籴一,使民通足价平而止,小饥则发小熟之敛,中饥则发中熟之敛,大饥则发大熟之敛,以粜于民。故难遇水旱饥馑,粜不贵而民不散,行之魏国益富强(注十三)。”惟当时常平仓一名词尚未成立,直至汉宣帝时大司农中丞耿寿昌建议,请帝下令各边郡皆筑仓谷,贱时增其价而籴以利农谷,贵时减价而粜以便民,此种仓库谓之常平仓,此后历代均有设置,利弊互见。虽至宋一度改行青苗法以代之,然元、明、清各代仍复设置,至清末民初始渐废。

(2) 义仓——义仓乃依富裕人民之义捐或特别课税收集米谷,由官府管理,在重要地方设置仓库加以贮藏,待至荒年或青黄不接时,散放之,以赈济贫民。故义仓以义称,实含有慈惠救济之要素。

义仓历史较常平仓为短,其制虽开始于北齐,直至隋文帝时尚书长孙平始奏请设立。其奏折有云:“古者三年耕而余一年之积,九年作而有三年之储,虽水旱为灾,人无饥色,皆由劝导有方,蓄积先备,请令储州百姓及军人劝课,当社共立义仓收获之日,随其所得,劝课出粟及麦于当社,造仓窖贮之,即委任社司执赈检据每年收积,勿使损败,若时或不熟,当社有饥馑者,即以此谷赈给。”

自隋唐以后，义仓制度历代相传，虽不免略有损益，而大体则不出隋代范围。

(3) 社仓——社仓乃多数人民任意之结合，按其身分[①]凑出适当之米谷，贮藏于所居之村庄中，由设立者分举管理人，自动地处理其事物，贮藏米谷，预备凶荒，或青黄不接时贷给邻里乡党互相救济。又社仓之社字即社稷之社字，我国古代以二十五家共立一社以奉祭祀，于是行政上亦以此为单位，约相当于我国晚近谓之乡镇社区（注十四），乃邻里乡党以谋公共事业之结合，实含有平等之意。且其散放系用借贷方式而非片面之赈济，故社仓实有互助互济之意，相当于近代之农业合作仓库。

社仓亦创于隋、唐，至宋代朱熹更定有社仓法，集其大成，可供参考。朱子社仓法有云："臣所居建宁府崇安县开耀乡有社仓一所，系昨乾道四年乡民艰食，本府给到常平米六百石，委臣与本乡土居朝奉郎刘如愚同其赈贷，至冬收到元米，次年夏间本府复令依旧贷与人户，冬季纳还。臣等申府措置，每石量收息米二斗，自后逐年依旧敛散，或遇小敛即蠲其息之半，大饥则尽蠲之。至今有十四年量支息米，造成仓厂三间收贮，已将元米六百石纳还本府，其现管三千一百石并是累年人户纳到息米，已申本府照会将来依前

① 现多写作"身份"。

敛散，更不收息，每石只耗米三升，是臣与本乡土居官及士人数人同其掌管，遇敛散时，即申府差县官一员监视出纳，以此之故，一乡四五十里之间，虽遇凶年，人不阙食……”（注十五）

(4) 其他各仓——以上三种系其中最要者。此外尚有惠民仓，其法以杂配钱折粟贮之，岁欠则平价粜出，其本钱纯由补助而得。另有广惠仓，其作用在乎经常之慈善放谷，多盛行如宋代。其他虽尚有不少明目，然都不出此范围。

第二项　救济或治标（所谓临事之政）

预防之策，虽能减少荒灾之严重性。且有助于民食匮乏时之赈济，但终不能禁绝灾荒。一旦灾荒发生，仍有待于救济，应付迫切之需要，此即古所谓临事之政，今一一述之于后：

第一，禳灾祈福——人类在原始时期，智识浅薄，凡不能理解之现象，多归之于神，所谓神权时代。及民智日进，人力终有未逮之处，故神巫之术常遗留于后世。故我国古代，当水旱灾侵之际，多种应付方法亦不能脱离宗教色彩，历代君主，每当灾侵辄致力于禳灾祈福。其方法为：

(1) 祈祷。例如，汤时大旱，祷于桑林之野，其后各代君主，皆有类似之举动。凡遇水旱，多由皇帝亲诣祈祷，各地方政府长官遇水旱之灾时亦多躬自祷雨。

(2) 巫禳，即利用各种巫术及舞雩以致雨。

(3) 罪己，即人君于天灾降临之际，以为自己失德，于犯天怒，因而发出自省及忏悔。例如，成汤因大旱以六事自责曰："政不节欤？民失职欤？宫室崇欤？妇谒盛欤？苞苴行欤？谗夫昌欤？何以不雨而至于斯极也！"

(4)绝食。例如，高祖太和二十年以久旱自癸未不食，至于乙酉，群臣皆诣中书省请见，高祖在崇虚楼，遣舍人辞焉，且问来故。豫州刺史王肃对曰："今四郊雨已沾洽，独京城微少，庶民未足一飧，而陛下辍膳三日，臣下惶惶无复情地。"高祖使舍人应之曰："朕不食数日犹无所感，比来中外贵贱皆言四郊有雨，朕疑其欲相宽免，未必有实，方将遣使视之，如果其言，即当进膳，如其不然，膳何以生，为当以身为万民塞咎耳。"是夕大雨。(注十六)

第二，修明政治——历代每遇天灾，常能刺激政府修明内政，如唐代祈雨时，一方面则审理冤狱，一方面则赈恤贫乏，掩骨埋胔，以纾民困，以邀天佑。如分条言之则有：

(1) 命条陈以开言路。例如，唐太宗贞观三年夏六月以旱求直言。宋真宗咸平二年闰三月以久不雨谕宰相曰："凡政有阙，决宜相规以道，毋惜直言。"又明嘉靖七年九月川、陕、湘、广、山西荒，世宗谕都察院，令内外官员条陈救荒良策及凡不便者。

(2) 求才能以捍灾伤。例如，宋神宗熙宁二年遣使赈济河北流民。司马光言京师之米有限，河北之流民无穷，莫若择公正人为监司，使都察灾伤州县，守宰不胜任者易之，各使赈济本州县之民，则饥民有可生之路，岂复流移。明佥事林希元疏内有云："救荒无善政，彼得人犹有不济，况不得人乎？臣愚欲令抚挽监司精择府县官之廉能者使主赈济。"均属扼要之言，有关于荒政，或社会救济设施。

第三，检查户口——历代赈饥，常难免有冒支之弊，有一姓而得数种之粮者，有几人而不得一口之食者，其害甚大。故贤明之主政者已知其弊而先审查户口及灾情，然后分别施赈，以昭公允。例如，宋代苏次参澧州赈济患抄札不公，给印册一本用纸半幅，令各自书某家口数若干，大人若干，小儿若干，合请米若干，实贴于个人门首壁上，如有虚伪，许人告首，甘伏断罪，足以证明施赈须先清查户口，古人已先吾人采用此项科学方法矣。又苏君任澧阳司户日，权安乡县，正值大涝，始令典押将县图逐乡抹出，全涝者用绿，半涝者用青，无水之乡用黄，不以示人，又令乡司抹来参合。方请乡耆逐乡为图，复以青绿黄色别其村，分出图参验故检涝而可知，分类催科。赈济以视此法为先后，此晚近调查灾情采用绘图法大致相同也。

李珏守毗陵时，适遇民饥，将灾伤部分作四等抄札（仁义礼智）。仁字系有产税物业之家，义字系中下户虽然有产税灾伤实无所收之家，礼字系五等下户及佃人之田，并薄有艺业而饥荒难于求趋之人，智字系孤寡贫弱疾废乞丐之人。

除仁字不需赈救，义字赈粜，礼字半济半粜，智字全济并给票计口如常法。又余童蕲州赈济，尽括户口斗数，第为三等，孤独不能自存者，专赈济，下户乏食者赈粜，有田无力耕者赈贷。以上二人，皆使用分类，在调查灾民后及将灾民分为数等而按个别需施赈济。此又适合近代科学方法之古人良策也。

第四，筹款与调粟——户口清理以后，即需筹款调粟以便赈济。至于筹款调粟的方法有以下数种：

(1) 动国帑以广籴粜，办理赈济需要大宗款项，其来源第一应由政府筹拨。例如，宋孝宗乾道七年饶州旱伤，措画赈济知州王秬札子："借会子五万贯，接续贩籴米麦之类，以赈籴。"而明佥事林希元上疏亦云："臣愚欲借官帑银钱，令商贾分往各处籴出谷归本处发卖，依原价量增一分为搬运脚力，一分给商贾工食，粜尽复籴，事完之日，籴本还官，官无失财之费，民有足食之利，非特他方之粟毕集于我，而富民亦恐后时失利，争出粟以粜矣。"此法颇为适当，今日之农本局即师其意。

(2) 劝富豪以助济施。然政府之财力有限，同时亦当发动民力，方易发挥赈济之效。例如，汉赵熹守平原，青州大蝗，侵平原，荒甚，乃出俸赈之，劝富民出谷济饥，所活人以万计。后魏樊子鹄为殷州刺史，属旱俭，恐民流亡，乃劝有粟之家分贷贫者，其法多由为政者倡导于上，以励效由，或分头劝勉，循循善诱，务在必得，今日之各种赈灾募捐亦系师此种办法。

(3) 调剂民食(调粟)以利灾民，是即调剂米粮市场以施民用，所用方法有：(一) 平粜，当粮食充裕价贱时，以稍高之价购入，以免谷贱伤农，当粮食缺乏价格高涨时，以较低价格抛出，以免谷贵伤民，并得取缔奸商囤积居奇，历代多行之有效；(二) 发积储，是将存储于仓之粮食，在灾区出售，或施贷于民；(三) 禁过籴，即禁止多粮之区闭籴或阻止米粮出境，以利粮食之流通；(四) 截供米，即进贡朝廷之米粮过境时可以奏请截流，以济地方。以上皆移粟就民之法。如万一当地粮食虽尽量用于裕源及调剂仍感不足，则最后亦不得不用；移民就业之法，此亦为历代粮食流通最为普遍之政策。例如，汉高帝二年关中大饥，米斛万钱，人相食，令民就食蜀汉。又唐咸亨元年天下四十余州旱及霜虫，百姓饥乏，诏令往诸州逐食。此种办法，历代皆有遵行的。如此调剂民食，正如古书所谓"河内凶则移其民于河东，河东凶亦然"。此系不得已之办法，交通困乏，尤感不便，今日交通便利，此举复已不需矣。(注十七)

第五，赈济养恤——以上各端，均系赈济之准备工作，而赈济则为社会救济之本体。赈济多属于紧急救济范围，其办法又可分为院外救济和院内(或机关)救济两种。我国灾民众多，平昔颇少大规模之收容所，除居养一项外，余多为户外救济，仍保持人民不离开家庭为原则。

赈济之种类甚多，以赈济之性质分，则有临时的及经常的两种。按需要分，则有急赈与常赈两种。按赈济之体系分，则有正赈加赈……兹先论施粥与急赈。

(1) 施粥与急赈——施粥亦名煮赈。救荒如果银米兼赈，本可以无饥。但如果灾情严重，饥民众多，当未发赈以前，有窘迫而不能久待者，实有赖于急赈。赈粥乃应需要而起之一种方式，又已加赈之后，仍有艰难而难以为继者，赈粥亦为办法之一。赈粥至今未废，仍视为临灾最急切之办法。

考施粥之起源可远溯于战国时代。例如，《礼记·檀弓》载："齐大饥，黔敖为食于路，以待饥者而食之。"是否施粥，尚不可考，但至少具有施食之意。《檀弓》又记其事曰："公叔文子卒，其子请谥。君曰，昔者卫国凶饥，夫子为粥与国之饥者，不亦惠乎。"是设粥赈饥已于此肇其端，当无疑义。至汉代施粥赈饥已渐成为救荒之普遍方策，历代采用。宋以后推行益广。至金章宗之世而更完备，时间空间皆有固定，遂奠立粥厂之制度。如"金承安四年赦京府县设普济院，每岁十月至明年四月设粥以食分人民"。或命给米委托诸寺作糜以食贫民。明、清二代粥厂制度推行更广，规模日大(汴十八)。

至于施粥制度及方法，先贤有不少良猷可供参考：

甲　张司农救荒十二议

一、亲审贫民。先令里长报明贫户，正印官亲自逐图验其贫窘，给与吃粥小票一张，填写里甲姓名，许执票入场，仍登簿，万不可令民就官往返等候，若有所费，要细心审查。

二、多设粥厂。众聚则乱，散处易治，故厂多则人不杂，各赈各方，而且易于认识，又无途宿风雨之苦。

三、审定粥长。数百贫民之命，悬于粥长之手，不得其人，弊窦丛生，务必择百姓之中殷实好善者三四人为正副而主之。

四、犒劳粥长。饥民群聚，易于起争，粥长约束，任劳任怨，上下不推恩激劝，谁肯效力尽心，故宜许其优免重差，特给冠带匾额。

五、视察厂弊。粥厂素称弊薮，惟在稽查严密，非守令躬察，则不知警。

六、预备米谷。仓廪不实，支取易匮，或动支官银籴买，或劝借义民输助，必须多方设法，预为完备。

七、预置柴薪。厂中器皿，不可强借，惟铁勺必须官给两个，恐有大小故也。煮粥之柴，其费最多，粥长那堪赔累，即令其在所领米内扣卖作价。

八、严立厂规。驭饥民，如驭三军，号令严要明，规矩要画一，印簿照收到先后顺序列名，鸣钟令食，唱名散签，凡散粥，或单日自左行散起，或双日自右行散起，或自上散，或自中散，互为先后，则人无后时之叹，不至垂涎而起争端，敢有起立擅近粥灶者，即时杖出除名，粥长不遵规矩亦有所惩。

九、收留子女。预示饥民，不可擅弃子女，然而饥寒困苦，难保其无万一，有之令里长保甲老人等收起抱赴官局收养，仍给送来之人数十文，以作路费。

十、禁止卖妇。卖妇女者当严禁，倘有迫切真情，将夫妻尽收入厂中，妇令抚婴，男归厂用，事完听去。

十一、收养流民。最苦者饥民逃窜以路为家，须于通衢宽空处立流民厂，月置流民簿，随到随收。

十二、散给药饵。凶年之后，必有病变，加以医治(注十九)。

乙　山西巡抚吕坤赈粥法

一、广煮粥之地。饥民无定方，而煮粥有定处，弱不多设处所，以粥就民，恐奔于场，难宿于家，或朝食一来，暮食一来，十里之外，不胜奔波，不便一也。壮丁就粥，便可随在歇止，而老病之父母，幼弱之小儿，羞怯之妇女，饿死于家，其谁看管，不便二也。乞粥以归，道远难携，妄费难察，不便三也。不如十里之内就近村落寺观，各设一场，庶于人情为便。

二、择煮粥之人。旧日监督主管，多委里甲老人，嗟夫难言之矣。无迫切之心，则痛痒不关，而事必败。无综理之才，则点察失当，而事不详。无镇压之力，则强者多，暴者先，而惠不均。故定煮粥之法，当选煮粥之人，先令之请求，正印官亲与问难，如于立法之外，另有良法者，即行奖赏，则人人各奏其能矣。

三、行功谕之令。善不独行，当与善者共之。正印官执一簿籍，少带人数，各裹糇粮，遍到乡村，看得衣食丰足房舍整齐之家，便入其门，亲自劝勉，或愿舍米粮若干，或愿煮粥若干，日饲养若干，务尽激切之言，无定难从之数。如有所许，即令自登簿籍，先为奖励。

四、别食粥之人。凡来食粥者报名，在官立簿一扇，分为三等六班。老者不耐饿，另为一等，粥先给，稍加稠。病者不可群，另为一等，先给。少壮为一等，最后给，此谓三等。造次颠沛之时，男女不可无辨，男三等在一边，女三等在一边，是谓六班。

五、定散粥之法。擂鼓一通，食粥之人，男坐左边，以老病壮为序，女坐右边，亦然。每人一满碗，周而复始，大率止于两碗。老病者加半碗一碗可也。每日夕，人给炒豆一碗。

六、分管粥之役。大粥厂，厂立总管一人，掌簿二人，司积二人，管米豆俱以廉干者为之，每锅灶头一个，炊手二人，壮妇人更好，柴夫一人，水夫十人，皆以食粥中之壮者为之，有惰慢者及作弊者即时杖逐。

七、计煮粥之费。凡米需积在粥厂，严密之处可积者，自带锁钥。每日每人以三合为等。食粥之人每日增减不同，掌簿先一夕日落报名数于司积，令某锅煮米若干，司积破米豆者每一升罚一担，灶头克减米豆者，不论多少，重责革出。

八、查盈缩之数。不分军民良贱，不论本土流民，除强壮充实男女不可轻收外，其余但系面黄肌瘦之人，□羸褴褛之状，即准收簿，每“簿”分男女二扇。

九、备煮粥之具。布袋若干条，大锅若干口，木勺若干双，木碗若干个（亦可自备），大木勺若干个，水桶若干双，柴薪不可多得，即差少壮食粥之人，令其拾采。

十、广煮粥之处。须行各州县一齐通煮，使穷民各有其便，而流来之人不致结聚，但一场过五百人，即将流民拨于别场，有父子夫妻，一同随拨。盖结聚易，离散难，老妇病女何害，少壮男子不散必为盗于地方。接熟之日，照归流民法各发原籍，更为所得。

其余尚有：（一）备草席以卧饥病之人；（二）奖有功以励出力者；（三）施好义以劝者；（四）赈流民；（五）贮煮粥器皿，设备周详。可见古人用心之细，思虑之周，堪为后世法。

（2）安辑流民——当灾情严重时，各地灾民辄背井离乡，弃家谋食，成为流民，俗称逃荒，所谓老弱转沟壑，壮者散诸四方，在灾民固有不得已之苦衷，但此种流难转徙，亦属冒险之举，而且影响各地治安及社会秩序。奸诈之徒，复借端各处领赈，殊远救济之旨，故先贤主张最好防患于未流之前。既流之后，亦有安辑之方，而且救灾如救火，故流民之安辑，亦急赈之一端。兹分论之：

未流之先，求所以安民。例如，宋哲宗元祐中，耀州大旱，野无青苗。毕仲游谓："向来郡县赈济多后时，力愈劳而民不救，乃先民之未饥。"揭榜示曰："郡将赈济，且平粜若干万石。"谕无出境，民皆欢然安堵，已而果渐艰食，乃出粟以赈，且平粜以给之，邻近流散殆尽，而耀民之当徙就食者，乃十七万九千口，顾所发票不及万石，以民粟继之，家给人足，无一人逃者（注二十）。

既流之后，求所以收容。例如，宋庆历八年河北京东西大水，饥人相食，诏出三司钱帛赈之，流民入京省者不可历数。知青州富弼，择所部丰稔者五州，劝民出粟，得十五万斛，益以官廪，随所在贮之，择公私庐舍十余万区，散处其人，以便薪水。如更有安泊不尽之老小，寺、院、庵、观、门楼廊庑，亦无不可，务令安居，不致暴露失所。官吏自前资待缺寄居者，皆给其禄，使即民所聚，选老弱者廪之。山林河泊之利，有可取以为生者，听流民取之，其主不得禁。死者为大冢葬之，及流民将复其业，又各以远近受粮，凡活五十余万人，募兵者又万余人。前所救灾者，皆聚民城廓[①]中，煮粥食之，饥民聚为疾疫，又相蹈藉死，或待次数日不食，得粥皆僵仆，名为救人而实杀之。弼所立法，简便易行，天下传以为法。（注二十一）

（3）赈谷与赈银——赈谷亦为临灾急赈中最流行之方式，在我国起源亦早，例如《史记》载："汉武帝四年汲黯为谒者……过河

① 即"城郭"。

南，河南贫民伤水旱万余家，或父子相食，以便宜持节发河南粟以赈贫民。”又《宋史》载：“大观三年江、淮、荆、浙、福建旱……发粟赈之。”又《续文献通考》记明太祖时事云：“洪武二十七年定灾伤去处散粮则例。大口六斗，小口三斗，五岁以下不与。”又顺治八年，覆准山左江浙水灾以库谷赈穷民（注二十二），可见历代赈谷之一斑。

谷赈有时阻于交通，有不便之处，遂有赈银之法，亦为临灾急赈之一种。例如《汉书・顺帝本纪》载：“永建三年春正月丙子，京师地震，汉阳地陷裂，甲午诏实核伤害者年七岁以上钱人二千。”又《宋史・哲宗本纪》载：“元祐八年十二月丁巳出钱粟十万赈流民。”又明洪武二十五年令山东灾伤去处每户给钞五定。嘉靖二十四年岁祲，诏发帑银三万，而赈济饥民（注二十三），此外尚有银谷兼赈的。

（4）工赈——灾赈济方式中，其最合理而经济者，应推工赈，其起源虽早，而实则特盛于近代。施行之原则，为择灾情最重之区，开工施赈，结果则工赈两得，是即开展之公益事业或建设事业，与贫民可同沾其利。

考我国工赈实滥觞于周末。据《晏子春秋》载：“齐景公之时，饥，晏子请为民发粟，公不许。当为路寝之台，晏子令吏重其赁，远其兆，徐其日，而不趣，三年台成，而民赈，故上悦乎游，民足乎食。”是即兴工以振[1]民，其后更朝亦多采行此法，而工赈方法益趋

① “振”与“赈”通用，表达“赈济”之义。本书保留原书用法，不作改动。

完备。

例如，唐代卢坦为定州刺史，江淮大旱，当涂县有渚田久废，坦以为岁旱，苟贫人得食取佣，可易为功，于是渚田尽辟，借佣以治者数千人。（《渊鉴类函》记唐代事）是利用辟渚田以赈灾民。

宋熙宁六年九月壬寅置两浙和籴仓，立敛散法，发常平钱斛，戊申诏饥民修农田水利。（《宋史·食货志》）

又熙宁八年夏，吴越大旱，赵清献公僦民完城四千一百丈，为二十三万八千，计佣与钱粟。（《宋史·食货志》）

宋欧阳修知颍州，岁大饥，公免黄河夫役，得全者万余家，又给民工食，大修民诸陂以溉，民田尽赖其利。（《康济录》引）

明万历间，御史锺化民救荒、令各府州县查勘该动工役，如修学、修城、浚河、筑堤之类，计工招募，以兴工作，每人日给米三斤，借急需之工，养枵腹之众，公私两利。（《康济录》引）

故《康济录》之著者，陆会禹结论说："失业之人，不知所住，加以饥寒逼迫，不就死于沟壑，必创乱于山林，兴工作，令穷人不暇为非，全家赖之而得食，牧民者可知工赈之道哉。"真是颠扑不破之论。

(5) 居养（院内救济）——以上各种办法，皆属于院外救济，在民仍多住于自己家庭之内。对于无家可归之贫民，间亦设有种种收容机关作临时收容抚恤难民之所，但其中亦有设立固定之机关者，约起自宋代，如宋之福田院、安济坊、居养院等，均为一种固定之收容机关。此类机关，虽非专为灾民而设，然其中被灾难民及因荒灾而致流落为乞丐无以为生之贫民，实占大多数。兹举数例以明其制度及性质如后(注二十四)：

都下大水，吴兴偏剧，王子良开仓赈救贫病不能自立者于北立廨收养，给医及药。(《南史·齐武帝本纪》)

京师旧置东西福田院，以廪老疾孤穷丐者，其后给钱粟者，才二十四人。英宗命增置南北福田院，并东西名广官舍，日廪三百人，岁出藏钱五百万，给其费，后易以泗州施利钱，增为八百万。(《宋史·食货志》)

又宋熙宁二年京师大雪，诏老幼贫疾无依者，听于福田院额外给钱收养，春稍暖为止。(《宋史·食货志》)

至于设立此类机关之经费，除政府拨款外，多利用绝户之房舍财产。例如《宋史》载："熙宁年间，凡鳏、寡、孤、独、癃、老疾废及贫乏不能自存者，以户绝屋居之，以户绝财产充其费。"(同前)

又崇宁元年八月，置安济坊养贫病者，仍令诸郡县并置，九月京师置居养院，以处鳏、寡、孤、独，仍以户绝财产给养，十一月置办河北安济坊。(同前)

又崇宁三年二月丁未置漏泽园……各县增置居养院、安济坊、漏济园，道路遇寒僵仆之人，及无衣丐者，许送近便居养院，给钱米救济，孤贫小儿可教者，令小学听读，其衣烂于常平头子钱内给造，仍免入斋之用，遗弃小儿雇人乳养，仍听宫观寺院养为童行。（同前）

宣和二年，诏居养安济裁立中制，应居养之日，给税米或粟一升钱十文，省十一月至正月加柴炭五文，省小儿减半，安济坊钱米依居养法，医药如旧制。（同前）

知台州——创安济坊，以居病囚。（黄子耕墓志铭）

又元至元十六年，诏湖南行省于戍军还途，每四十五里立安乐堂，病者医之，饥者廪之，死者墓葬之，官给其需。（《元史·世祖本纪》）

明洪武三年命天下府州县，设惠民药局，赈疗贫病，军民疾患。（《康济录》引）

可见自宋代起对于贫民中之贫病、鳏寡、孤、独、老、幼及病囚皆有机关式之救济或院内救济，生者留养，病者医治，死者墓葬，经费组织与管理亦粗具规模。

(6) 其他另有专为医病祛疫者代葬之机关，各专司一事，而赎难童以全骨肉，尤为可贵。自古代已有行之者，例如《齐管子》曰："汤七年旱，禹九年水，汤以庄山之金铸币而赎民之无馕卖子者。禹以历山之金铸币而赎民之无馕卖子者。"

汉高祖五年，诏民以饥饿自卖为人奴婢者，皆免为庶人。又光

武建武五年，诏吏人遭饥馑，及为青贼徐贼所略为奴婢下妻欲去留者，悉听之，敢拘制不还以卖人法从事。(《汉书》)

唐太宗贞观二年，遣使杜淹赈恤罐内饥民鬻子者，出金帛赎还之。又宋仁宗庆历八年二月，赐瀛莫恩翼州缗钱二万，赎还饥民鬻子。

明神宗万历二十二年，锺化民《河南救荒疏》有云："臣仰体德意，赎还民间荒年出卖妻女拿四千二百二十三名，皇上全人父子兄弟夫妇之伦，离而复合，断而复续，骨肉肺腑之亲，无悲思哀痛之惨矣。但赎还之后不知其终保完聚否，倘糊口无资，后相转贸，如梦中乍会，觉后成空，思及于此，不觉泪下，惟帝念哉。"(注二十五)

可见我国灾民之遭遇以至于卖子，政府体念此情，设法赎回，匪特仁政可风，亦救济之道也。

第三项　善后或补救(所谓事后之政)

当灾荒已过，赈济已毕，即开始谋善后办法，是即所谓事后之政。对于归籍返里者，如何赍送，对于无家可归欲留当地谋生者，如何助其立业，以及如何利用给复、放贷以绥抚之，以企社会救济事业之彻底，而达到社会复元[①]之境地。

(1) 赍送——灾民流亡在外，欲返原籍，常由政府送遣回乡。例如，"宋熙宁八年春正月戊午诏所在流浪民愿归业者，州县赍送之"

① 现一般写作"复原"。

（见《宋史·神宗本纪》）。又“韩琦知益州，岁荒，流民载道，琦给粮遣归，檄剑关民流移欲东者勿禁”（见《宋史·韩琦传》）。“明陈化年，令流民愿归原籍者，有司给与印信文凭，沿途军卫有司，每口给粮三斤，每口给牛二只，量给种子，审验原业用地，给与耕种，优免粮差五年，给帖执照。”（《续文献通考》）此类事实不胜枚举（注二十六）。

（2）给田——无所归宿之流民，当由当地政府赐以闲田，令其立业。例如《汉书》载：“地节三年诏流民还归者，假公田且勿算事。”《宋史》载：“天圣七年闰二月诏河北转运使契丹流民，其令分送、邓、汝、襄州，以闲田处之。”又《宋史》载：“建炎二年春正月，丁亥，录两河亡吏士沿河给流民官田牛种。”又《纪事本末》载：“郧阳地界湖广、河南、陕西三省，又多旷土、山谷、阨塞、林箐、蒙密，为流民窟穴，成化间流民无虑百万，每至岁饥，民入山就食，势不可止。乃命原杰经略郧阳，抚定流民，杰乃增置郡县，深山穷谷，无不亲至，宣朝廷德意，问民疾苦，于是籍流民得十一万余户，遣归故土者一万六千，其愿留者九万六千，许各自占旷土为计丁力，令开垦为家业，割地三省，设置六县，而郧阳俨然重镇焉。”（注二十七）

（3）给复——亦有流民虽有籍可归，而愿逗留于外者，历代辄予以优待，如给复（即减赋）以诱流民还乡复业。例如《宋史·食货志》载：“仁宗皇祐中于苑中做宝歧殿，每岁诏辅臣观刈麦，帝闻天下废田尚多，民罕土著，或弃田流徙为闲民，天圣初诏民流积十年者，其田听人耕，三年而后，收减旧额之半，后又诏流民能自复者，赋亦如之，既然而又与流民限百日复业，蠲赋役五年，减旧赋十之八，期尽不至，听他人得耕，至是每下赦令，辄以赈辑流亡募人耕垦为言，民被灾而流者又优其捐复，缓其期招之。”历代君主多有行之者，久而成为习例。（注二十八）

(4) 放贷——流民返籍或给田后，在未有收获前，生活仍难自保，务农之工具，如粮食种子、耕牛、农具亦多缺乏，故历代有放贷之办法。例如《汉书》载：“昭帝始元三年三月遣使者赈贷贫民无种食者。”《后汉书》载：“和帝永元十六年春，诏贫民有回业者而以匮乏不能自农者贷种粮。”《通考》载：“元丰元年诏以滨棣沧州被水灾，令民第四等以下，立保贷请常平粮有差，仍免出息。”“元平三年富家放贷约米一斗，秋成返钱五百，其时米价既平粜，四年始克偿之，农民岂不重困，诏应贷米谷，只还本，取利不过五分。”又《臣鉴录》载：“王仆射为谯幕时，因按逃田，见岁饥而流亡者数千家，乃力谋安集，上疏论列，乞贷以耕具牛种，朝廷从之。”

又林希元疏云：“幸而残冬得度，东作方兴，若不预为之所，将来岁计复何所望。故牛种一事犹当处置，臣召父老计之，自立一法，逐都图差人查勘，除有牛无种，有种无牛，听自为计外，无牛之户，令有牛一头者，带耕二家，用牛则与之供食，失牛则与之均赔，每种人户，令富裕户一人借与十人或二十人，每人所借杂种，三斗

或二斗，耕种之时，令债主监其下种，不许因而食用，有灾伤处，如臣之法，似何行也。”（见《筹济篇》引）

根据以上项目所举之办法，吾人对于公家或官方救济得一鸟瞰，而后世为政者多综合以上诸办法而施行之。如宋曾巩记越州赵公救灾办法中有调查、赈粟、平粜、工赈、安辑、医药、敛埋等一贯办法，可供吾人之参考。（参阅曾巩著之类丛……《越州赵公救灾记》及本朝政策）

第四项　民间之社会救济

我国之古代社会救济事业，除以救荒为中心之政府设施外，一般之社会救济，多沉没于一般社会关系及制度中，隐而不显。其故盖由于我国社会组织基于家族（或血缘）关系及乡土（或地缘）观念之上。族中之不幸者，首家庭，次大家庭，再次同族之人，皆有互相赡养扶持之义务。而各家族祠堂之行政及财产，大半是为着族人之救济，以及公益（福利）之用，俨然为一社会保险公司之雏形，对于济贫、恤嫠、养老、慈幼、施药、代葬、义学、借贷等，有相当之设施。同一社区住民，复秉故训“里仁为美”“睦邻”之观念，亦多能具有“见义勇为”“急功好义”之精神，与人为善，以救济贫民，所以我国穷人都有相当办法，甚至好多乞丐亦能过活。至于外出谋事者，至他乡亦是找本家找同乡协助。如遇不幸亦有各地之同乡会出而维持，或赠川资回籍，或留养于会馆内，病则医治，死则代葬，故各地会馆皆有馆产及义地以维持之。其产业多由同乡官游及经商者所捐助。故云我国贫民有办法，因贫民皆可找亲戚，找本家，找同乡，找朋友帮助。昔梁士贻①当权，食客盈门，即其一例。兹举我国之义庄及同乡馆之设施，以明其究竟。

(1) 义庄——义庄为范文正公仲淹所倡立。据钱公辅《义田记》："范文正公苏人也，平生好施与，择其亲而贫，疏而贤者，咸施之，方贵显时，置负郭常稔之田千亩，号曰义田，以养济群族之人。日有食，岁有衣，嫁娶凶葬皆有赡，择族之长而贤者主其计，而时其出纳焉，日食人一升，岁衣人一纤，嫁女者五十千，再嫁者三十千，娶妇者三十千，再娶者十五千，葬者如再嫁之数，葬幼者十千，族之聚者九十口，岁入粳稻八百斛，以其所入，给其有聚，沛然有余而无穷，仕而家居住俟代者与焉。仕而居官者能罢其给，此其大较也。"此俨然一族人之救济基金会也(注二十八)。

至于其办法可撮其大要如下(注二十九)：

一、逐房计口给米，每口一升，并支白米，如支糙米即临时加折。

二、男女五岁以上入数。

三、女使有儿女在家及十五年，年五十岁以上听给米。

四、冬衣每口一疋②，十岁以下五岁以上各半疋。

---

① "梁士贻"应为梁士诒。
② 即"匹"。

五、每房给奴婢米一口，即不支衣。

六、有吉凶增减口数，尽时上簿。

七、逐房各置请米历子一道，每月末于掌管人处批请，不得预先隔跨月分支请，掌管人亦置簿拘辖，簿头录诸房口数为额，掌管人自行破用，或乱支与人，许诸房觉察勒赔填。

八、嫁女支钱三十贯，再嫁二十贯。

九、娶妇支钱二十贯，再娶不支。

十、子弟出官人每人还家待阙守选丁忧，或任川广福建官留家乡里者，并依诸房例给米绢并吉凶钱数，虽近官实有故留家者，亦依此例支给。

十一、逐房丧葬，尊长有丧，先支十贯，至丧事又支一十五贯，次长五贯，葬事支十贯，幼十九岁以下丧葬通支七贯，十五岁以下支三贯，十岁以下支二贯，七岁以下及婢皆不支。

十二、乡里外姻亲戚如贫窘中，非次急难或遇年饥，不能度日，诸房同共相度诣实，即于义田米内量行济助。

十三、所管逐年米斛，自皇祐二十年十月支给，逐月糇粮外，一切不支，或二年粮外有余，却先支丧葬，次及嫁娶，如更有余，方支冬衣，或所余不多，即凶吉等事，众议分数均匀支给，或可不给，即先凶后吉，或儿事同时时，即先尊口，后卑口，如尊卑又同，即以所亡所葬先后支给，如支上件糇粮吉凶事外更有余羡数目，不得粜货，椿三年以上粮储或虑陈损，即至秋成日，方得粜货回换新米椿管，佑仰诸房院依此同共遵守。

皇祐二年十月　日

此后续有增改，如助试子，助贫儒之教馆者，族人不得租佃义田，义庄不得典买族人田土，义庄费用虽阙，不得取有利债负，义仓内族人不得占居，会聚非出纳勿开，实属智虑周详。

文正义庄办法，不过民间救济之一端，其后各代地方缙绅善士皆有仿而行之者。

（2）同乡会馆——此外凡本乡人士之旅外为商为宦者，在各地均有同乡会馆之组织，共置公产，如房舍、田产及义塚等，以供招待同乡及救济贫困同乡之用，其详细办法可参阅各会馆规章。

以上各节，系就我国公私之社会救济事业作一检讨。书至此吾不禁钦先贤之仁智过人，而觉今人仍有择善而从之处。至于晚近之社会救济事业之检讨，将待后章加以申述。

注释

注一　参阅柯象峰著《中国贫穷之问题》一四八——一六五页。

注二　参阅邓云特著《中国救荒史》五一页。

注三　参阅以上两著。

注四　如 Mallory。

注五　参阅陆曾禹著《康济录》中之注解。

注六　参阅陆曾禹著《康济录》引用材料。

注七　同前。

注八　参阅《大清会典》。

注九　参阅二十四史《食货志》，邓云特著《中国救荒史》及郎擎霄著《中国民食史》。

注十　见《孟子·尽心篇》。

注十一　见《史记》。

注十二　见《汉书·食货志》。

注十三　参阅《康济录》二一页。

注十四　《左传》载有："齐侯唁营公曰：自莒疆以西，请致千社，二十五家为一社。"又顾亭林著《日知录》中有云："古人以乡为社，后世之所谓乡，即古之所谓社也。"

注十五　参阅郎擎霄：《中国民食史》一九四——一九五页。

注十六　参阅《康济录》三十页。

注十七　参阅郎擎霄：《中国民食史》第四章第三节及邓云特著《中国救荒史》。

注十八　见《康济录》及《中国救荒史》引。

注十九　所引俱见杨景仁著《筹济篇》。

注二十　见《康济录》引。

注二十一　《筹济篇》卷十六引。

注二十二　所引见《筹济篇》及邓云特著《中国救荒史》。

注二十三　同前。

注二十四　见中国救荒史。

注二十五　引《康济录》。

注二十六　参阅《中国救荒史》三六八——三六九页。

注二十七　《筹济篇》引。

注二十八　参阅钱公辅《义田记》。

注二十九　见《范文正公文集》。

第三章 各国社会救济事业之发展

古人云，知己知彼，百战百胜。又云，他山之石可以攻玉。又云，择其善者而从之。故在前章检讨我国社会救济事业后，对于欧、美各国社会救济事业，似亦应加研究，以观此种事业发展之程序，所历之成功与失败，其内容所具之优点与弱点为何，以为借镜，庶可事半而功倍。而况欧美各国政治多已上轨道，科学技术亦较进步，虽我国社会环境特殊，不必一一效颦，但可供参考采择之处必甚可观，故仍有加以检讨之价值。

各国社会救济之事业在纵的方面历史亦长，在横的方面范围甚广，当然不能一一作详尽之列举。故在本章仅涉及英、德、法、美、日、俄等国社会救济事业之重要的发展。至于各部门详细办法，则留待下编各章分类中加以分析。

第一节　英国社会救济事业

第一项　发展的经过

当社会仍在自足的阶段时，人民有部落家族可依，并没有，也不需要独立或单纯的社会救济设施。至封建时代，人民尚有地主或采邑的保护及拥助，还不感觉有何严重的胁迫，也不真正的要依赖社会救济。及至封建制度崩溃，大批人民没有土地可依，贫穷问题终于发生，随着私有制度之发达而日趋严重。在欧美各国中，英国是一个老大的帝国，产业发达较早，其感觉贫穷之威胁也特别的深。济贫的事业，最初是由各教会办理，后来逐渐地由政府接办。政府注意此项问题之应予解决，很早就有实施济贫法的企图。在1531年之立法即已具萌芽，准许年老失养及残废疾病者可以请求救济。1535—1536年禁止流浪，限制救济予各地境，当时每一教区都要征募自由捐以救济贫民，且有济贫所之设立，嗣后渐由自动走入强迫阶段，便形成伊丽莎白女皇①时代之正式立法。至1572年遂有限制物无业游民之举，如遇漫游者即加以惩罚，并为贫民筹

① 指伊丽莎白一世。

设救济。至1601年,可纪念的一年,英国已正式有一堪称完备的《济贫法案》(*Poor Law Act*),正式承认政府有济贫之责。其中有不少特点或精神,三百余年来至今仍包含于继续拟就之新方案内通用施行,且有为他国仿行者。其间,初规定每一教区委任殷实家长二人以上负该区救济贫民之责,其费用则由该负责人按每一星期或某一规定时间,向区内各居民征收税捐以敷支出之需为原则。救济方式则有"济贫所"(Poor house)实施"院内救济"(Indoor relief)。1697年布律斯突(Bristol①)城设立第一个公立的济贫所。1723年议会又决定两个教会以上,得合力设立济贫所一所,以谋普及而免无力独营者废弛。可惜的是结果并不良,制度虽日益普及而济贫所引起的弊端,亦日益显明,即劳工有不得救济便无法生活之苦。1834年,议会通过《济贫法修正案》(*Poor Law Amendment Act*)。此项立法精神系根据三个原则:(1) 救济设施须全国一致,如各区应分别联合成立协会,每一协会最少须设立一所济贫所,而由驻伦敦之三位委员(由巡回委员代表下乡)监察,负拟定章则,审核账目之责;(2) 济贫所以内的待遇应较独立的工人最低限度的待遇为低,以免能够自立谋生的人挤入济贫所;(3) 以院内救济为原则,即一切救济都在所内,废除院外

① 今译为"布里斯托"。

救济。

1905年至1909年，有一个很大的转变，即“济贫法委员会”提出多数与少数的两种报告及主张，但两者均反对济贫所，而主张取消济贫协会。其不同之处，即多数派主张废除1834年的消极原则，来建立医疗而兼预防的设施。即将济贫所加以较合乎人道的管理，而使性质不同之受救济者，分归不同之机关收养，如少壮者予以工作，废疾者送入济贫所，儿童则予以为学徒之机会等，利用“院外救济”的便利，且统一职权来管理“公共协助”。这是一个新的词语及概念来代替“社会救济”。少数派则主张根本取消济贫法而代以社会保险制度，因彼等认为国家责任在预防贫穷之出现，远过于临时减轻贫穷之痛苦也。并组织四种委员会：教育委员会，管理儿童教育；卫生委员会，管理废疾；精神病院，管理精神病者；养老金委员会，救济贫老。此后在1919年、1927年、1929年、1930年及1934年，不断的均有关于济贫之立法。

其间有关之重要法案为1919年成立卫生部，接管（医药）救济及公共卫生事业。1929年之地方政府法，规定贫穷救济事项，以后改由县政府及乡镇政府管理施行。此为救济行政上一大转变，即以前中央政府之立于直接施行地位者，今后改为监督机关。至1930年之《济贫法案》为目下行政之根据，该法案包括165条及附录二程序（注一），集三百余年来有关济贫法案之大成，其完备及重要于此可见。

第二项 事业的范围

英国社会救济事业是以(一)贫穷救济,(二)失业救济,(三)失业保险为重心。因为英国对于济贫早在注意中,自工业革命而后,失业者日众,形成贫困大众之基本队伍,因而历届政府均思有以改善失业者之痛苦。失业救济及失业保险遂应运而起,成为社会救济事业中之两大柱石。兹分别提出于后。

(一)贫穷救济——英国之贫穷救济事业,如以英格兰及威尔斯为例,则自教区之救济移转于政府以来,近来在中央方面管理贫穷救济事业者为卫生部,处于指挥统制督察地位。在地方则为地方政府之社会救济委员会(或公共协助委员会)为实际办理救济之机关。此委员会或由地方政府另行组织,或由其他政府之委员会监理。依照《济贫法案》第四条之规定,县政府关于贫穷救济事业之施行,除在特别紧急情形之外,必须将全部方案先行通知社会救济委员会。在若干幅员较大之县分[①],在各乡镇并得组织社会救济委员会分会(亦名监护委员会)管理。其职权为:(1)对于请求贫穷救济者之考核,(2)决定应予救济之性质及金额,(3)监察领取救济者之用度,(4)视察各种贫穷救济机关。至于实施救贫事

① 现一般写作"县份"。

业之人员，则须为曾受训练合格者，厚其薪给，以便专心任职，清廉将事。而于中央卫生部之职责则为：(1) 统制各级地方救济事业人员之任免，薪给及保障，(2) 得训令及指示地方政府有关济贫应兴事项(惟不干涉任何个人之救济案件)，(3) 委派督察赴各地视察办理救济事业之情形，(4) 监督财政及改正之。

救济方法——贫穷救济之实施为各地方政府，应协助当地需救济之人民(不分国籍)，使其能解决各种困难，得以自力更生。协助之方式，可包含金钱衣物及医药治疗等，其救济之对象，有儿童，老年人及残废等，其救济之方式有二：(1) 院外救济(非机关式)，及(2) 院内救济(机关式)。

(1) 院外救济之方法为：(甲) 使能工作之人民设法获得工作自维生活；(乙) 使不能工作之人民(如老年人及残废者)得有补助，可以生活。地方政府派遣医生看护赴各家之需要医药救济者，予以协助。

(2) 院内救济之方法为：(甲) 设立贫民习艺所(一种含有强迫工作性质之济贫所)，收容一切能工作而未能觅得职业者在所内工作，以其收入供给，其生活维持之所用；(乙) 对于老年人，残废者及儿童则分别收容于救济院、医院及儿童家庭或儿童院。

儿童救济——英国对于贫穷之救济随科学之进步及经验之昭示均有改进。兹举儿童救济以为例，以前关于儿童救济之方法，系使其当“学徒”学习职业。在最近之社会救济法令中业已废除此种方法，而代以另一种方式：有父母之儿童，协助其父母，使之间接协助其儿童，儿童如保留在家庭中仍得享有双亲之爱，仅予以物质上需要之津贴，既自然，又经济。如不幸儿童无父母，或其父母不能负此种责任，则由政府代为管理，代尽父母教养之职，直至十八岁为止。但同时在十八岁以后之行动，地方政府仍应负责监督。地方政府处置之方法，有(甲)暂时的或永久的送与某一家庭代为教养，如其亲戚之家庭或父母之友人处。(乙)送往某一会社或机关教养，如：(1)救济院；(2)学校，而由政府供给费用；(3)医院，如有治疗之需要；(4)盲哑者送入盲哑学校，予以特殊之教育，政府并随时视察其生活状态。一切均甚周到。

(二)失业救济——英国为世界工业最先发达之国家，故劳动问题之发生，亦较早而严重，政府颁布有关救济失业之法令不一而足，例如1905年《失业妇女救济法》，1911年之《失业保险程序之推行》，及1927年之《失业保险法》，但其内容之周详完备均远不及1934年之《失业法案》。其间规定政府增设失业救济部(Unemployment Assistance Board)，与其他中央政府各部并列，专办理失业救济，在社会救济方面，实为别开生面之举。并选德高望重之人士为正副部长及委员(四人)，厚其薪给，使其安心供职。政府之重视更可见一斑。其行政组织为三级制，在中央为失业救济部，地方则为区事务所（District Office），及地方事务所（Area Office）。在中央该部有津贴、考核、训练、组织、总务、财政及法律七司；在区事务所则除正副主任外有津贴、考核、会计等科；地方事务所为基层之行政组织。凡地方事务所主任所不能解决之问题，则呈由区事务所决定。凡区事务所主任不能解决之问题，或与部中区督察员面洽，或直接呈交失业救济部决定。所有各下级行政机关之职员，均由失业救济部委任，其所内经费亦由失业救济部核发，虽与地方政府采取密切合作，然实质上为一中央集权之制度。

至于救济方法，容于下编讨论失业救济之方法时再为申述，以资比较。

（三）失业保险——英国关于失业保险之法规，在1934年以前，尚无明确办理，仅在失业法案中稍稍提及，迨1933年11月23日，英国国会下议院通过《失业法案》，至次年2月28日经英皇批准后，在该案第二节中始有失业保险之规定。该法案在1934年7月26日起正式施行，仅有一部分关于16岁以下之保险延至是年9月3日始付诸实施。是年12月劳工部部长将实施失业保险之条文细则提交国会通过，在同月21日起施行。

英国办理失业保险之机关为（1）劳工部，包括（甲）失业保险公司——主持一切，（乙）劳动交换所，（丙）为登记全部失业保险账目之总机关，（2）地方教育当局，（3）工会，（4）银行保险管业局,(5) 上诉法庭。

英国失业保险之全部经费为“失业基金”(Unemployment Fund),由劳工部加以统制与管理。经营失业基金之收入即系来自保险费,其支出方面则为保户赔偿金及行政费用等。

至于失业保险之办法,容于后编涉及时讨论之。

第二节　德国社会救济事业

在欧洲大陆各国往昔之救济事业亦多由教会主持。直至 19 世纪,政府对于济贫逐渐感觉有应尽之责。此后凡遇私人救济不足之处,公家遂谋用各种设施进行救济。兹先从德国述起,第一步要述及德国济贫所施行之有名的汉堡及爱伯福制(Hamburg Elberfeld System),其次要稍稍述及德国为预防贫穷所广为采用之社会保险制度,最后要稍稍述及德国晚近之冬季救济及公共协助办法。

第一项　汉堡及爱伯福制

应付贫民及举办救济事业,极为棘手,在当时之欧西各国几有同具此感之慨,而各个努力于解决途径之寻求。直至 1765 年德国之汉堡市,始采用一较优良之救济制度,渐为后世所称道。汉堡为德国一大商埠,在国际贸易上,颇占重要位置,四方云集之人口日众,其间获有工作者固多,而失业者亦复不少,因之贫民与乞丐之人数亦日增，遂成为汉堡城一严重而急待解决之问题。汉堡市民遂于1765年创立一会社，其主要目的为改进市政，在改进市政之计划中有一部分系有关应付贫民之方案。起草此项救济贫民之新方案者为布舒教授(Prof. Busch)。后为该社所采用该项新方案之要点，为该市设一中央办事处，综理全市一切济贫事宜，再将全市分为若干区，每区设监察员一人及赈济员若干人。所订救济原则，为设法帮助贫民自助。失业者为之介绍工作。挨门求食者不准施舍。遇贫儿则送往职业学校学习技能。遇病者则送往医院医治。凡事因材施教，对症发药，并联合各种救济机关，在分工合作之下，谋整齐划一之效。其目的在取缔一般流氓寄养者或度依赖生活之贫民，或予以相当工作，使之趋于自立，以期该市贫困寄养者日就消灭。行之十三年，颇收成效，其后因市民日增，原有执行救济人员，并无增加，以及都市之复杂性。此制遂一度趋于松懈，而成效遂为之减低，但此非汉堡市之制度本身上有何弱点。因1852年德国有一小城名爱伯福(Elberfeld)者，仿用汉堡市之济贫制度而稍加以改良，结果行之数年成效大著，而汉堡、爱伯福制之名亦由是而声誉鹊起。其组织与办法之内容，大致如后：

(1) 该城分为五六四段(或分区)，每段约有居民三百人左右，其间贫困寄养者不得过四人。

(2) 每段设一赈济员，综理全段济贫工作。贫民之求助者，须与彼接洽，赈济员则应视察该求助之贫民的家庭状况。视察以后，遇有何种需要，酌量给予之，总期使贫民能够自立。赈济员至少每两星期要秘密地去调查一次。发给赈款必须要依照法律所规定之最少限度的标准发给。遇贫民有收入时应照数扣除，总要使他们所得的赈款，是必需的供给，而不令彼辈有些许依赖及取巧之机会，俾易趋于自立。赈济员不仅管理该段之救济贫穷事项，对于凡在该本段境内有堕入贫困之可能的人民，都负有劝告监察及训练的责任。此外对于失业者介绍工作，疾病者予以医药上之救济，懒惰无职业者予以警告，如顽梗不化而不易救济的，则告发追究之。赈济员之委派三年一任，为强制性不给薪之义务职，并可继续连任，担任此职者，多为社会上善良之市民，能得此职者亦为一极有荣誉之事务，并且可为其政治活动之第一步。并闻因连任的关系，六百赈济员中，任职最长者达四十九年的有一人，供职三十年以上的十九人，二十年以上者八十一人，十年以上者二百六十八人。

(3) 每十四段为一区，区设监察员一人，并为该十四段振济委员会议时之主席，开会时期为每两星期一次，各赈济员须呈出各种有关报告，以集各项记载与报告，以备全市振济委员会(有九人)之用。

(4) 主持赈济之九人委员会，不仅涉及各项院外救济事业，并亦涉及该城之医院、济贫所、反省院，该委员会亦系每两星期开会一次，恰为各区会议之翌日夜。

关于该项救济制度，其极堪注目之优点约有六点：

(1) 每一个赈济员所照料之贫民数目不多，不致发生疏忽之弊。

(2) 行政高度的集中与监察督促的严密，遂使行政效能增高。

(3) 担任赈济员职务的人，可以继续连任，因之得收经验丰富之效。

(4) 注重贫穷现象之预防，与扶助贫民之自立，以为彻底的救治。

(5) 院内及院外之救济事业，均受同一中心的委员会的统制，得收整齐划一之效。

(6) 负救济责任者，时常集合讨论，可收切磋之效。

这较完善的救济制度，现在已为欧洲许多城市所采用了。不过办理不得法，时常发生弊端，而且在较大的城市，人口流动性很大，是否适用，还是一个问题。故其后汉堡市又采取新汉堡制(New Hamburg System)来设法矫正，就是一个求进步的企图(注二)。

第二项　社会保险或工业保险

德国亦系一工业国家，失业者众，因此对于贫民的人数无形增加，遂引起政府注意，对于工人之保险及保护渐采取有效办法，并订为法令。例如 1881 年 11 月 7 日德皇威廉一世颁发工人保险之上谕及 1890 年 2 月 4 日德皇威廉二世颁布保护工人之法令。

工业保险所涉及之范围,为疾病保险、意外保险、残废保险及老年保险。关于疾病保险之第一项方案,系于 1883 年 2 月 15 日通过,其目的在担保工人生病时能获得充足之救济费,可维持至少 26 个星期之生活,由工人担负三分之二,由雇主担负三分之一。意外保险开始于 1884 年 7 月 6 日,最初仅限于工业,随后方推广至其他方面意外之保险费,完全由雇主担负。残废及老年保险是在 1889 年 6 月 22 日实施,俱有强迫保险之性质,凡年在十六岁以上,为工资而从事任何职业者(包括学徒、仆役、管理员及商店助理员)其收入每年如在五百元以下均须加入保险,老年及残废之保险费,由工人及雇主平均分担,而政府每年给付每人津贴十二元五角。此类保险具有强迫性、互助性,并采取行政自理之方式,起始已有规模,此后复有不断之改进。例如在 1904 年,对于健康保险法复规定对于有病者予以由十三增至二十六个星期之义务的看护及治疗。因此对于工人生活之保障更大(注三)。

此类保险之主要的优点有五:

(1) 此种保险可以包罗任何需要保险之个人,其他办法则仅及于少数人或一部分人。

(2) 保险费充足可解决工人生活大部分之所需,且另有义务的医药协助，如药品及住院之看护等。

(3) 制度颇有利于劳动者，因工人除一部分合理的担负外，余均由雇主出资，政府津贴。

(4) 可获得雇主及雇员之经常合作，增进彼此间之谅解，与加深个人对于全民责任之社会观念。

(5) 有裨于其他文化问题之解决，政府可利用此种保险制度来促进公共卫生，防止意外伤害之技术，防止肺痨之发生以及工人住宅之筹建改良等。

第三项　公共协助

欧战后德国对于一般贫民之救济，在法令上日有增加，如1922年7月9日之《儿童保护法》，1923年1月12日之《残废协助法》以及最终于1924年2月13日颁布较完备之《公共协助法》。此《公共协助法》实施之对象为：(1) 残废军人及阵亡军士之寡妇遗族，(2) 社会保险机关所不负赔偿责任之薪给工人职员等，(3) 收入过少，不能为生之人士，(4) 缺乏能力，不能工作过活之人士，(5) 需要协助之青年，(6) 保护母亲。换言之，即救济普通人民之未获他种法律条款，或救济机关之协助者，亦即所谓贫穷救济。

德国之公共协助由各邦或省负责组织，其行政系统为各邦，或省政府之有关的机关合设一“邦或省立公共救济协会”主持其事，在各地方则由县市政府之各机关合设“县市立公共救济协会”，办理公共协助事务，惟其中之低能残废者则由各专门机关处理之，对于青年则由中央及各地之青年团负责协助，各级公共协助之经费来源多由政府负担，列入预算，另亦征捐税及由各级政府协助等。

关于公共协助力之工作，为设法济助一般生活贫困及需要救济之人民，如(1) 使其有正常之生活必需品，(2) 疾病时获得医药，并助其恢复工作能力，(3) 使养育儿童之母亲得有适当之保护，(4) 使青年获得普通及职业教育，及(5) 使盲哑残废分子得受职业教育，能自谋生活等。

最后一点，即德国对于社会救济之工作人才，亦有优良之训练办法，其训练机关较大者有下列二所：(1) 社会救济人员训练所及(2) 社会救济妇女训练班。前者为私立，后者为国社党党部所设立，对于训练颇为认真，学理与实习并重。

第四项　冬季救济

德国自施行社会保险制度以来，人民生活比较安定，但自上次欧战结束，元气损失太大，国民经济所受打击至深，平民之生活日困。自国社党当政，为博取人民好感起见，在所谓善政中，自 1933 年起，有所谓冬赈，或冬季救济工作之设施可供参考，但冬季救济，名为冬季，实则其工作是自十月开始至来年三月终止，共约半年。

其行政系统为在国社党中央党部管理监督下设有人民福利处，经常处理人民福利及救济行政及设施，及冬季救济处办理冬季之救济事宜。在此冬季救济处之下，各省区设立分处，秉承总处之方针，及办法实施救济，惟各区之冬季救济分处之财政，则仍由中央之冬季救济处主持，亦近乎中央集权办法；而负实际执行之责者，则在省区之分区下于各县市乡镇，设立冬季救济分所。

其经费之主要来源，大约用下列各种方法筹集：(1) 街头劝募。德国在冬季救济开始时有所谓“民族联带责任日”，政府规定此日为开始募捐日，由政府首长亲自上街劝募以为之倡。(2) 挨户捐助。(3) 公务人员之捐助一部薪金。(4) 发行冬赈奖券。(5) 向海外德侨劝募。(6) 售卖物品作纪念之用。(7) 加征特捐等。至于冬季救济之办法，可述者约略如下：按德国冬季救济之目的，在以实际的利益协助一般失业者及贫民，短期工作工人、寡妇、阵亡军士之遗族等，使彼等得以渡过此艰难之冬季。其救济之手续为凡感觉生活不能维持者，得向各地冬季救济机关请求协助。在请求表填明履历、家庭经济实情或失业状况并指明所最需者为何物，而由救济机关派员查明。如系确实，由主任签准后，即予以救济。救济以物品为主，金钱为次，如鞋、帽、衣物、牛奶、面包、牛肉等食物及煤等，发给方法则为付予领物票据，以凭赴特约商店领取。有办理平民食堂者，使平民可赴该处用膳。但亦有为颜面攸关不愿出而求人救济者，则冬季救济机关，亦有经赴该住户查实将物品直接送往，可谓体贴之至。

最后所应提出者，为德国为防免贪污之监察制，可借参考。其办法在积极方面为：(1) 会计制度之独立，(2) 核准与发给机关之分立，(3) 仓库检查之严厉，(4) 准许被救济者之公开告发。在消极方面则对于已发现之舞弊案件加以严重之处分，自罚金徒刑，以至于情节重大者得处死刑。

第五项　其他办法

德国之济贫制度可供借镜者当然不限于以上数种办法。此外尚有所谓“救济站”及“收庇家庭”(Relief Stations and Home Shelters)，其办法亦颇有意义。所谓救济站系由各地方或县市乡镇，利用公款筹建之机关，对于过境之贫困或失业工人，可供给临时之食住——约二十四小时，或连星期日在内四十八小时——以使前进觅取工作，各站之距离以步行可达之行程为原则，其间有电话联络，消息灵通，何处有工作，亦有报道，以便指导工人前往，全部机构皆正在严格之控制中。工人每至一站，须呈阅护照及工人手册。如检验后无甚问题，经站长签字盖章后，即可住下，晚餐时供给简单事物，十时睡眠。次晨七时早餐，八时劳作(如砍柴、碎瓦等需要稍用气力之工作)，约四小时。中午给以午餐，然后交还护照及手册，遣之前进，至另一站。如站程过远，其间尚有分站，联络及供应。分站范围较小，当为一特约住宅，或小旅社。救济站之标语写为“用工作换取所得”，“上午工作，下午走路”。如违此旨，即拒绝收容，或交警局处以流民应得之罪。

至于收庇家庭，则常设于大城中，并附设有职业介绍所，并合办一刊物，以供给各处需要工作之消息。收庇家庭之报酬办法与救济站相似，惟住处则为略含家庭化之小旅舍性质。而以收容贫困或失业之工人，供给临时食住为主要工作。每一收庇家庭，均需整齐清洁，供给价廉而卫生之食品，并注意德性之陶冶，有宗教礼拜及禁止赌博。为严格管理计，由地方公正之士绅组织之委员会主持之，所内有详细地图一张，以便主持人指导，觅取工作之途径。每一工人如稍付代价可获取一星期之食住的便利。平日并有牧师莅临领导灵性上之修养，故尚有安慰及感化之作用。

总之德国人士重实际，有组织，故对于社会救济事业亦有不少优良之制度，可资参考。

第三节　法国社会救济事业

第一项　法国过去之一般社会救济事业

法国之社会救济事业在政府未正式主持前，亦系由教会及私人办理。在法国社会救济史中可考者，最早为“慈善会”(Society Philanthropique)，创立于 1780 年，系以济施为目的，工作表现亦多。德布文小姐(Mlle de Broen)于1871年建立之福利社(Oeuvre de Bienfaisance)亦颇有名,“工人住宅城”联合组织,“莫鲁先会”(Society Mulhousienne)成立于1851年,至1894年“法国工人廉价住宅会”(Society Francoise des Habitations a Bon Marche)均为其所促成。该会初成立时,工作尚偏于宣传提倡及教育作用,但继之而起者有二十个以上之会社成立,完成不少工人之廉价住宅。1896年左右,复有师英国“工人园地”办法组成会社,提倡法国“工人园地”运动,亦颇值注意。各种事业均随着时代的前进而有进展,例如至1900年时,早年之慈善会,已至此附设有三十个菜汤处(赠送菜汤),三十个诊疗所,其中有四个是为儿童的,另有医院一所,夜间栖留所三所。此外尚有老人家庭、母亲家庭、寡妇家庭,改良住宅以济贫困,每年受惠之儿童,约有一万二千,栖留所收容过一万二千个妇女,其中有四分之一曾为介绍工作。同时天主教及新教教会对于此类工作,本慈爱为怀之精神,亦曾组织不少,救济事业之团体,办理各种救济事业。

当时法国尚未成立救济会社,只有各城镇设立之福利局(Bureaux de Bienfaisance)(约一五、八二七个),负责管理及联络私有救济机关,并实施院外救济。至于院内救济,稍迟始应需要而起。当时(约在1898年)有一千七百〇八所医院施诊,嘉惠贫民。在巴黎有二十八个“营养咨询处”(Consultations de Nourrissons),在其他各处亦有不少，法国成立善堂或养育院及盲哑学校较任何国家为早，至今仍有不少地方远胜他国，其国立疯人院极可为一般模范。对于寄养之儿童，亦有不少之机关，如慈母院、病儿院及法国儿童之友社等，此外尚有公立之储蓄会及典质所亦可救济（注四）贫民。

法国政府对于人民之有受救济权，起初是不承认的，仅有儿童及有精神病者，可以受人周济。至1910年，始有老年养恤金法案之通过增订，于1912年（至《国民保险法》成立又有删改）规定工人至老年时应有养恤金，其费应由雇主及工人分担。关于法国济贫法之执行，系由各地方政府救济机关如“福利局”负责，其方式为施行院外救济协助，方法为就各贫民家庭予以援助或赠送，领取物品票据以凭领取食品、燃料、衣物或房金；至万不得已时方收容于救济机关，施行院内救济。其经费来源为一般及地方之税收、娱乐税捐，及一般慈善性质之馈赠。近日一般人士，根据经验，主张救济应就各家庭为之，以使救济者不离开家庭为原则。是项主张，或者以为新猷，实则法国早已行之矣。

第二项　法国之天灾救济

法国虽日趋工业化，但农业原来亦系重要之产业，至今仍不失其重要性。政府对于农民之救济事业，早在注意之中。例如，关于农事天灾之保障，远在1567年前之法典上即有被灾农民救济方法之规定。此后并逐渐有所改善，至二十世纪初叶，国会并规定每年用二百万法郎作为农事天灾损失之赔款。其救济方法为经过县府调查之后，赔偿损失，约为全数百分之三。其百分比须视灾情之重大与否及准备款项之多少而定。至1921年，国会为欲促进农事灾害合作保险事业起见，曾根据1900年7月4日法令暂行停止救济款项之规定。但至1927年，国会终又通过以二千五百万法郎，由内政部管理，作为农事天灾之公共的救济费，恢复旧制。

1932年法国众议院议决关于农事救济中有关农事互助保险之条文中有：(1) 国家农事互助保险金库，专为冰雹寒冻及牧畜死亡之用；(2) 保险农人之保险数目，在规定数目以上，给以特种补助；(3) 农事天灾之联合金库，专为水灾风雹及严冬冻坏之农产物，未曾保险者之赔偿；(4) 关于上项天灾救济之经费，每年自一万二千万至二万万法郎，其款以土地税与国家奖券捐为挹注之源。同时在1932年3月21日，法国财政部又宣布关于农灾救济之连环经济组织法。该法第136条中规定合于下列二条例中之情形者，政府应给予赔款：(1) 一切为冰冻水灾(洪水)风灾(飓风)所受关于收获及金钱上之损失；(2) 在五年中暂限于未曾保险受冰雹损失之农人。在受灾后三日中，灾户必须呈报区长。区长应于二十四小时内转交公安局，根据省政[①]农务厅之建议，由县政府审核后决定赔款办法，然后再按照财政部承允之农部定则，估定灾户之损失与规定款项之比例，并决定百分比之赔款数目。至于赔款之估计方法为：(1) 凡被灾损失不在全部收入百分之二十五以上者，不给赔款；(2) 凡被灾损失在五百法郎以下者不给赔款；(3) 凡被灾损失在全数百分之二十五与百分之五十之间，赔款比例应为百分之二十五；(4) 凡被灾损失在全数百分之五十至百分之七十五之间，赔款比例应为百分之五十；(5) 凡被灾损失在全数百分之七十五至一百之间，赔款比例应为百分之七十五(注五)。

细考法国之赈灾，较之我国历代救荒办法，除数字较精确及提倡保险外，并无若何特殊优胜之点。我国对于灾荒发生后之有报灾勘灾急赈以及灾前之预防与灾后之有详密规定，相形之下，并无逊色。

第三项　法国晚近社会行政之概况

晚近法国之社会行政，已日趋完备，其行政系统分为三级：中央、省方及地方。在中央方面主持社会救济事业者为：(1) 内政部，管理院内院外救济事业；(2) 公共卫生部，管理卫生福利事业；(3) 劳工部，管理劳动者之福利；(4) 其他如财政部亦均有关系。

---

① 原文如此，应为“省政府”。

以上各部对于公共救济机关之创设，各项有关法令之修订与实行，以及公共救济事业，各种人员之委任，均负有决定及督导之权，其经费之筹措，多来自赛马及赌博之抽税，及国会通过之补助基金。同时在经济的补助以外，中央对于一切社会救济事业之办公人员倘有特殊努力功绩者，予以各种荣誉奖励，如：(1) 叙动级(La Legion d'honnem)，(2) 赠奖章，如公共救助奖章、公共卫生奖章、保护儿童奖章、社会保险奖章等七八种。目前中央方面所办之社会救济事业甚多，其中较重要者有：(1) 国立盲人院，(2) 国立疯人院，(3) 国立聋哑院(另有男女分开之聋哑院)，(4) 国立青年盲人院，(5) 国立疗养院，(6) 国立意外致伤病院，(7) 国立妇女疗养院，(8) 国立养老院，(9) 国立孤儿院，(10) 海边疗养院，(11) 国立幼女品性教养院，(12) 国立传染病院，(13) 巴黎中央疗养院，及各处矿泉疗养所等。

依照法国法律规定，法国各省省政府必须以其财政收入之一部分，作为社会救济事业之用，其主要用途有：(1) 由省政府本身设立各种救济机关，如疯人院、儿童救济院等等，及(2) 由省政府补助各种公共或私人所创设之社会救济机关。此外省政府具有下列各项之权力：如(1) 有准许设立病院、养老院、不治病院等之权，(2) 有批准给予津贴补助之权，及(3) 有干涉发布命令之权，(4) 有决定设立省会公共救济机关及其他社会协助事业之权，及

(5) 对于合于规定之条件者应担负供给贫民旅行之必需费用。

县府为行政之基层，负责办理社会行政之机关为福利局，前已言之。凡地方之社会救济及福利事业均由其推行，督导及担负经费，如地方公共医院、老年养恤金、残废救济费、不治病人之养病费、产母之协助费及儿童众多之家庭协助费或津贴费。县府对于一切社会救济事业所用之经费，应列入正式预算，并应另筹准备金，补助夜宿馆(Les Asiles de Nuit)及育婴堂(Les Creches)等机关，县长亦为社会行政之当然首长，而法规条例则由县议会规定之。

关于欧洲大陆各国，姑举德法之社会救济事业以为例，实则欧西各国之良猷已尽于此，其他如意大利、比利时、荷兰、瑞士、丹麦(以农业合作著名)诸国，虽各有办法，但终未超越英、德、法也。

第四节　美国社会救济事业

第一项　美国过去之社会救济事业

美国对于社会救济事业，各州系州自为政，而尚无全国一致之办法，但其间也不免有不少共同点。各州济贫法亦多以英国 1601 年依丽沙伯[①]时代之济贫律为蓝本，当美国尚在殖民时代，贫民之

① 今译为“伊丽莎白”。

救济，多就各人家庭中为之，至于建筑济贫所，以收容贫民，使济贫变成机关化，还是随后逐渐发展的。济贫机关之管理权多属于州政府，负责济贫者，或为县政府遴选之官吏，或监理委员会，或为市镇政府委任之官吏，或被选举之公正人士，各州多不一致，但一般对于济贫多首令贫民之亲近负责，而详细办法却又不尽相同，有数州对于流浪者，是随时予以拘罚，或拘留相当时期于监狱中，间有令作苦工者，总之救济之监督，大多操于州政府之手。

普通常将贫民分为三类：(1) 能工作之成人而极端贫困者，(2) 残废不能工作者，及(3) 失养或被虐待之儿童。对于第一类贫民，济贫所是主要的机关，到处可见。惟对于儿童及疯人，已逐渐用各别安置办法，好几州亦参用院外救济法，虽然大多数不甚采用。有些城市设有救济科，但大多数城市则尚无此种机构，而多由私人主持之。各州之设有救济委员会者，权大者，对于各救济机关实行直接督导；权小者，不能直接过问。对于第二类贫民已有不少院所逐渐设立以收容之，差不多各州皆有盲人之教养机关，不收学膳费。对于疯人，各州亦多设有疯人院，惜多数尚不甚完备，或仍置于监狱中。有二十三州设有低能者之收容所，另有数州，对于癫痫及醉汉，亦专设院所收容；有八州设有酒病之院所。至于对于第三类之儿童，各州对于安置儿童于济贫所之办法多已放弃，其中有十九州(多在东部及中部)对于儿童之救护，已有健全办法，大多数安置于一般家庭中，使其享受家庭之日常生活。故至十九世纪末叶逐渐趋于科学化矣(注六)。

至于各州之救济行政，亦日趋改进，成绩亦斐然可观。印第安那[①]新制之奏效就是一个例子。该州在1895年救济事业非常腐败，各城之救济多在无人监督之下，由各城救济会董事主办，故该年度该州曾用去美金六十三万余元，究竟被赈济之贫民家庭状况与生活状况如何，则一无记载。因之该州政府遂于该年度通过一新法令，令各城振济会董事负责调查各被救济之家庭，或个人之状况，而将调查报告副本送呈该州救济局，该州因之可以得着一种施行监察之根据，二年后州政府又颁布新法，各城救济费用，应由各该州市民担负，因之虚糜公帑之事为之减除。再二年后又颁布法令，谓赈济事宜，应施行于各贫民之家中，除非为紧急事项所阻，施赈前应先加以调查，并应将调查结果报告于州救济局，及县救济委员会(Board of County Commissioners)存查，各城救济会董事，应首先从事在可能范围内征求各贫民亲友之帮助，以期减少公家之担负。除因年老、残废、受伤以及证明在他处可以获助者外，如出行，不得予以舟车免票利益，而各城救济会董事，应竭力联络各该城其他一切办救济事业之团体，谋分工合作之效。除死亡、疾病

① 今译为“印第安纳”。

外，凡在十五元以上之赈济，应得郡委员会之同意。按此项制度，并未含有彻底革新之意。因直接救济之行政，仍属于各城救济董事会，不过将直接救济之监督权，移转于郡委员会。结果所完成的事件不过三端：（1）使各城救济会董事，关于各该城之救济经费之动用，对各该城市民负责；（2）在施给贫民及继续施给已一度被赈者之前，应先有一番调查；（3）须送调查报告于州救济会，使州方得一讯诰各城救济会董事之机会，使其克尽厥职。此制虽非专门人才执行救济事务，然在印第安那尚著成效，故虽尚有令人不满之处，但在美国之救济事业方面，欲视为最优良的一个制度了（注七）。

美国在救济学业方面，私人之慈善，或救济工作，亦十分发达，其每年所用之救济费用，常在几万万元左右（此就 1893 年之估计），各种救济组织亦属林立。总之，其间如工人饭店、青年女工俱乐部、青年男工俱乐部、妇女俱乐部，妇女救护团、看护协会、社会改进区、法律救护会、平民诊疗所、儿童救护会以及教会慈善事业，不一而足。

自美国日趋工业化，贫民及失业者增加后，政府亦日渐注意救济事业。公立之平民免费医院日有增设，以便办理医药救济。近年来好几州已采用老年养恤金及母亲协助金办法，对于健康保险亦在提倡中。

第二项　美国晚近救济事业之鸟瞰

经济恐慌发生以前，美国之救济事业，经分类化以后，已上轨道，对于儿童老年及盲人均已各别加以安置，即伤兵亦有特别办法。直至1929年至1936年之经济大恐慌时期，美国救济事业又发生一大转变。因失业者日众，各自为政之救济有日进于全国化之趋势，如全国性之失业保险运动即其一端。

纵观美国晚近之救济事业之现状，约可归纳成下列数端。

(1) 普通之家庭救济或公共协助，在有些地方仍系一种旧式的院外救济，照例由济贫之官吏施予财物，在另一些处所，近代之普通的公共协助概念已取旧式之济贫名词及概念而代之，且已有不少之州政府，其失业救济及贫穷救济已合流而成为一种公共协助。

(2) 济贫所之救济，仅为依赖者之一种机关式的照料。自老年保险及老年协助办法实行以来，此旧式之济贫所有渐归淘汰之势，各区域之医院或疗养院，实际上对于老废者之贡献大于一般济贫所。

(3) 分类救济或各特殊贫民集团之救济，分类救济有三种，即不能自立之儿童、老年协助及盲人之救助均已包含在《社会安全法案》(*Social Security Act*)中，联邦政府予以支持，各州已逐渐采用，而各州中之实施伤兵救济办法者占半数以上。

(4) 对于能工作之失业工人实施工赈办法，负责机关为工程进步行政委员会或 WPA(Work Progress Administration),其经费由中央政府拨给。

(5) 不能工作者之直接救济,在各州虽有法定的,认为可另成一种特殊的救济,但实际上亦有渗入公共协助办法之势。

(6) 医药救助日趋普及,与儿童之教育协助(如置于代养家庭及其他机关),以及精神健康之注意,在最近之公共协助中,已成为鼎足而三(注八)。

(7) 美国之救济事业不但日趋积极化而且日趋统一化。例如,联合募捐运动集全国人士之力筹募款项,规模宏大,成绩斐然(注九)。

(8) 美国之救济事业日趋科学化,因美国人民财力丰富办事认真,利用科学方法,亦无微不至,故对于救济事业在学术方面,在教育及训练人才方面(如各专门学校),在团体组织及学会之林立方面,在利用新社会科学方法,如个案研究及个案工作方面,均有惊人之进展,为他国之所望尘莫及,至于"幸福之屋""格雷高营"及"空地种植"等制度,犹其余事耳(注十)。

除以上各国外,其他各国亦有大同小异之优点,如日本方面对于失业救济与职业介绍,有失业劳动者更生训练所、智识阶级职业介绍所、少年及少女职业介绍所等。对于儿童保护方面,有产院、乳儿院、巡回助产、市民馆、托儿所、儿童游园地、少年保护所。此外东京之养育院及聋哑盲学校等，亦有不少优良办法。至于苏联则为社会主义国家，采用计划经济，保护农工，故失业问题，可谓绝无而仅有，只有在各种福利设施多多注意而已。就社会救济之本身言，均无足述。

第五节　救济事业之一般趋势

最后应加申述者，即综览以上各国社会救济之内容，其一般趋势如何，如加以分析约略可归纳成以下数点。

（1）观点的改易——消极的社会救济到积极的社会福利行政（社会安全、社会保险、公共协助）。各国以往对于社会救济均认为此乃社会对于不幸者之施与，所谓济困扶危，亦若对病人之诊治而已。其甚者，认为贫民多系不肖分子，稍稍施惠，适可而止，且有具蹴而与之之态度，或者头痛医头，脚痛医脚，聊以塞责，至于悲天悯人之视为行仁政者已不多见矣。晚近社会科学进步，对于人与人之关系渐明，社会责任论日渐抬头，祸福与共之观念，日益明显，已逐渐采取积极的社会福利政策矣。

（2）行政的集中——私人慈善事业到政府举办。各国之社会救济，最初多系教会及私人所主持，规模狭小，办法亦难彻底，迄晚近政府功能，由警察制而日趋于服役或福利化以来，已改变往昔否认人民有被救济之权而作主动的社会救济及福利工作。

(3) 法制化——习惯的办法到社会立法。各国之社会救济，初则多依从各地方之习惯及经验办理。自政府负责以来，已认为有法制化之必要，故皆相继订定法律，明文规定以供各地执行。济贫法案，儿童保护法案，失业救济法案，老年养金及社会安定法案等不胜枚举。

(4) 分类救济——混杂的机关救济到专门或各别的机关救济。在昔日之济贫所多收容各色贫民，共处一地，老、少、男、女、贤、愚、健康者与病人不分，故济贫所实系藏污纳垢之所，清白分子多易传染恶习及疾病，而愈趋堕落。目前各国皆已对于贫民分门别类妥为安置，前弊渐绝。例如除行院外救济使各安家室外，老者有养老所，儿童有育儿所、托儿所、代养家庭，对于妇女有母亲院等，对于病人有医院及诊疗所，对于残废者有盲人院，对于精神病者有疯人院，对于失业者有职业介绍所、救济站、幸福屋等，正所谓因材而教，因需要而救济，使各得其所，各安其生。

(5) 专业化与学术化——直觉的施舍到社会个案工作。往昔各国的救济工作，对于贫民，多凭直觉的观察施予救济，而且人人可为。迄今日，对于贫民之救济，事前必须作详细之个案研究，然后设法为之解决难题，故已逐步采用个案工作法而日趋于科学化矣。而且实施救济者，不若昔日之任何人可担当救济工作，已多任用饱受训练之专门人才以从事此类工作，故社会救济至今日已成为一专业化之工作矣。

以上各点仅列举其荦荦大端以明晚近社会救济之一般趋势，实则以上各种趋势方在迈进之途中，故光明之前途与进步可翘首而待，殊可喜也。

注释

注一 查阅：1. Bliss"The New Encyclopedia of Social Reform"；2. Encyclopedia of Social Sciences 阅：陈凌云著《现代各国社会救济》第八章。

注二 汉堡市之新汉堡制系订于 1892 年。为了改组这制度，聘请了许多专家，把这个制度加以研究重新改组。结果决定设置视察员(Visitor)，中央机关比从前更能独立地行使职权。关于救济事项，每区不仅独立自主，并且还给他们一种权力，可以推举该区的管理员与新助理员(Superintendents and New Helpers)及表决账款津贴的权力。又因该市市民迁徙的流动性很大，有些区内没有贫民，有些区内贫民很多。因此汉堡又把爱伯福制内的分段的制度废除，新汉堡制不但废除了爱伯福的分段制，并且废除了委任赈济员的制度。每一区就是一个管理员作主。管理员依照各该区的需要情形来选定助理员的数目。他接受这些穷人需要津贴的请求，指派职员工作，对于各项案件，看谁能胜任，就派谁办理该项案件。如已经调查过了，有时可以另派别一人去接着做。总之，这新制度的计划，是要使全体职员分配工作，劳逸得中。这个制度与爱伯福制还有一点不同的地方，就是此地发给账款是长期的，而爱伯福制只有两个星期。新制又把需要救济的人分类，例如将年老的和生病的加以分开。至于其他境遇不好的情形不一样，也各以分类。救济时期，有的是六个月，其余通常不得超过一个月。如需继续，须待下次会议决定。此外新制还有一个特点，即各区管理员合组一个团体，名叫巡查团（Kres）或环巡团（Circuit）。这些巡查团又组织一申诉局（an Appeal Board）审讯各区所申诉或办理各区所要求的事项。凡关于各区巡查事件，以及慈善事业，应当设法救济之事项，均归申诉局办理。环巡团会议时之主席为中央委员会之职员。至于中央委员会，则大致与爱伯福制同，为全市救济事业之最高机关。参看 Blackmar and Gillin; Outlines of Sociology, Part on Social Pathology. III 或马明达译本第三章第一百页。

注三　其详细办法可参看 Bliss: The New Encyclopedia of Social Reform 并待后编再行比较。

注四　参看前书。

注五　参阅陈凌云著《现代各国社会救济》。

注六　参看 Bliss: The New Encyclopedia of Social Reform.

注七　参看 Gillin: Poverty and Dependency, pp. 179 - 181.

注八　R. H. Kurty: The Public Assistance Workers.

注九　参阅陈凌云著《现代各国社会救济》第九章。

注十　同前。

第四章　我国社会救济事业之现状及问题

吾人研究问题是在于检讨过去，把握现在，策划将来。前章是检讨过去，在策划将来之前先似应研究现实的内容及问题，以便于从客观方面发现应兴应革的事实，作改进之张本。兹拟分为：(一) 我国社会救济行政之系统及事业，(二) 各地方之社会救济事业概况，(三) 我国社会救济之问题三节分析之。[①]

第一节　我国社会救济行政之系统及事业

社会救济为社会行政之一部分，我国社会行政系统如加以分

① 此处所列的三个方面的内容与后文所设的三个小节的内容并不对应。

析可以从(一) 横的方面及(二) 纵的方面去看。在横的方面可以分为(甲) 公的与(乙) 私的机关及(子) 经常的与(丑) 特殊的机关。换言之,公的与私的中间皆含有经常与特殊的两种。相反的,经常的或特殊的中间也含有公的或私的机关。而在纵的方面,可以分为(A) 中央(B) 省方及(C) 各县或地方三个阶层。兹举其重要者为例并列图以明之(见表 4-1)。

表 4-1　我国社会救济行政机关分析

	(甲) 公立		(乙) 私立	
	(子) 经常	(丑) 临时或特殊	(子) 经常	(丑)临时或特殊
(A)中央(或全国性)	社会部振济委员会	国民政府水灾救济委员会	华洋义账会	红卍字会伤兵之友社,红十字会,黄十字会等
		战时儿童保育会及保育院		
(B)省(或区域性)	社会处,省振济会	华民战区难民救济委员会		
	救灾准备金保管委员会	黄灾救济委员会等		
(C)县市(地方性)	社会科(局),县(市)振济会,救济院等		祠堂 同乡会馆 善堂 善会 教堂 施诊 医院 慈善家等	粥厂

第一项　我国晚近社会救济事业之一般状况

（一）我国晚近之社会救济事业概况——我国救济之事业详细之统计颇不易得。兹据内政部十九年[①]所调查之江苏、湖南、湖北、云南、福建、广东、河南、河北、山西、辽宁、吉林、黑龙江、热河、绥远、察哈尔及新疆等十六省之五六六县（约占全国县数四分之一强），有救济机关四百六十六所，系遵部令改组后之组织，其内容有如后表（见表4－2）。

表4－2　我国晚近社会十六省之救济事业统计

省别	调查县数	救济院							旧省慈善团体												
		养老	孤儿	育婴	施医	残废	贷款	合计	养老	孤儿	育婴	施医	丧葬	残废	贷款	济贫	救灾	习艺	其他	合计	总计
江苏	43	15	15	15	9	8	10	72	44	19	49	30	49	6	9	38	3	42	30	301	373
浙江	77	12	13	52	30	12	15	134	22	8	58	31	41	1	3	14		11	24	213	347
江西	51	4	1	5	4	4		18	19		35	23	5	6		26	11		8	124	142
湖北	26	1		2	7	11	1	13	6	1	12	39	28	1		8	6	5	13	119	132
湖南	44	6	7	17	11	1	2	44	17	6	61	26	21	4		25	3	22	20	205	249
云南	27	1	1	1	1			4	4	1	3	13	23	1		21	1	2	8	76	80
福建	18								2	3	10	16	2	7		4		1	1	46	46
广东	44								5	3	18	113	8	2		9	3	6	61	228	228
河南	21	7	3	2	3	10	1	26				7		2		6	2	2	2	2	53
河北	50	30	17	8	20	27	14	116			1	1	2			2		9	1	15	132
山西	37	1		14	4	1		20		4	12	16		2		1	5	7		47	67
辽宁	20	1		1	2	1		5	2	2	1	7	1			2	9	6	1	31	36
吉林	16								2	1	2	3	10	6		8	5	14		51	51

① 即1930年。

续 表

调查县数 省别		救济院							旧省慈善团体												总计
		养老	孤儿	育婴	施医	残废	贷款	合计	养老	孤儿	育婴	施医	丧葬	残废	贷款	济贫	救灾	习艺	其他	合计	
黑龙江	12								3			2		4		6	2	1	1	19	19
热河	10								2			4		3		5	2			16	16
绥远	11								3	3	7	3	1			4	17		1	39	39
察哈尔	10	5	1	1	3	4		14	2			1	1				1	1		6	20
新疆	49								32							5			20	57	57
总计	568	93	58	118	94	70	43	466	165	51	269	335	192	45	12	184	59	118	191	1621	2087

各省救济之人数，则如下表 4 - 3：

表 4 - 3 我国晚近社会十六省之救济人数统计

省　别	男	女	合　计
江　苏	10 986	4 693	15 679
浙　江	1 495	852	2 347
江　西	1 242	627	1 869
湖　北	1 547	1 809	3 356
湖　南	19 475	13 142	32 617
云　南	21 274	21 015	42 289
福　建	264	73	337
广　东	4 926	1 041	5 967
河　南	549	498	1 047
河　北	未详	未详	未详

续 表

省 别	男	女	合 计
山 西	309	125	434
辽 宁	31	26	57
吉 林	307	73	380
黑龙江	251	9	260
热 河	55	25	80
绥 远	2 066	1 452	3 518
察哈尔	7 300	6 500	13 800
新 疆	641	502	1 143
总 计	61 732	52 464	114 196

以上五百六十六县之调查，所举之救济事业，亦甚普遍。但组织是否严密，救济方法是否科学化，恐亦为一普遍而亟待解决之问题。据内政部之报告，以上各救济之事业常年经费，年达一、四四二、七二五元（其中官费六七九、一八二元，公费五二零、二四八元，私费二四三、二九五元）。被救济人数男子有六一、七三二人，女子有五二、四六四人，合计一一四、一九六人，每人平均每年约合十三元弱（被救济中残废者有六、一〇五人，孤儿有四、九八七人）。以调查范围如是之广，经常费如此不足，自难免有因陋就简之处。而被赈救者仅有十一万余人，为数极少。可见虽有私人及团体之补充的救济，其流离失所者，为数必定很多，结果贫民痛苦，社会受害，两俱不利，确为关心民疾者所不可不加以注意的一重要事件。

（二）最近各省市之救济事业——关于我国最近之救济事业概况，去岁社会部曾作一调查，其结果如后表 4－4：

表 4－4　我国最近各省之救济事业概况

机关别 省市别	救济	养老	慈幼	育婴	残废	施诊	儿童教养	游民教养	难民收容	伤兵收容	其他	合计
浙　江	23	1	4	3		7	4	2	2		3	49
江　西	57	3	8	9	4	15	2		1		13	112
湖　南	31		6	5		2					5	49
四　川	104	4	5	1	1	13	6	2	1		14	151
河　北	0										1	1
山　西	0						1	4			1	6
河　南	25		1				5					31
陕　西	10	3	4	4	1	4	17		4		11	58
甘　肃	8		1						1		2	12
青　海	0										1	1
福　建	5	1		5	1		10				2	24
广　东	14	1	1	2	2	18			2		4	44
广　西	6					2	1				2	6
云　南	2	1		1		1					3	8
宁　夏	4		1				1					6
重　庆	1		1									2
总　计	284	14	32	30	9	62	47	8	11		62	560

说明：(1) 本表根据三十一年①六月以前各省市报部调查表编制，其未尽合救济性质者不列入。(2)“救济院”包括救济、养济局、会、所等。(3)“施诊”包括医药会、社、所、馆、铺等。“其他”包括救生、施棺、代葬、义渡等。

① 即 1942 年。

以上各省调查因战事关系，沦陷区材料并未计入，故各机关数字较小，复因受战祸影响，儿童教养、难民及伤兵收容机关有所增加。此种调查多不完全，但对于最近情形，可见一斑也。

第二项　公立的经常社会救济行政机关及其事业概况

(一) 社会部

(甲) 行政组织系统——社会部于民国二十九年①一月改隶于行政院，为全国最高之社会行政机关，下设总务司、组织训练司、社会福利司、合作事业管理局及新成立之劳工局。其中以社会福利司之职权最有关系，其次为劳工局。社会福利司之所以用社会福利名称，亦系欲随世界之新思潮，摒弃旧日之消极的社会救济观念，而代之以积极的社会福利观念。

社会福利司之性质及工作可从各科职掌看出：

第一科（社会保险）之职掌为：(1) 社会保险之规划事项，(2) 社会保险之倡导实施事项，(3) 社会保险机关之设置及监督管理事项，(4) 社会保险金库之监督稽核事项，(5) 社会保险工作人员之养成选用及考核奖惩事项等。

第二科（劳工福利）之职掌为：(1) 劳工福利设施之计划推行事项，(2) 劳工福利设施之指导监督事项，(3) 劳工生活之改良及

---

① 即1940年。

保障事项,(4) 劳工教育事项,(5) 工厂矿场安全或卫生设备之指导及检查事项,(6) 劳工失业及伤害之救济抚恤事项,(7) 工厂检查人员之养成选用及考核奖惩事项,(8) 劳工移殖事项等(似应已划归劳工局)。

第三科(社会服务)职掌为:(1) 社会服务之计划推行事项,(2) 社会服务之指导监督事项,(3) 职业介绍机关之筹设及监督管理事项,(4) 社会人才之调剂事项,(5) 职业指导及辅导训练事项等。

第五科[①](救济事业)之职掌为:(1) 残废老弱之救济事项,(2) 贫民之救济事项,(3) 游民之收容教养事项,(4) 贫病医疗之补助事项,(5) 救济经费之规划及审核稽查事项,(6) 救济机关之设置及监督管理事项,(7) 慈善事业之倡导及奖励改进事项,(8) 社会救济工作人员之选用考核奖惩事项等。

第六科(儿童福利)之职掌为:(1) 关于儿童福利设施之计划推行事项,(2) 儿童福利设施之指导监督事项,(3) 孤苦儿童之收容教养事项,(4) 低能残废儿童之特殊教养事项,(5) 不良儿童之感化矫正事项,(6) 儿童营养健康之指导促进事项,(7) 推行保育事业与其他有关机关或团体之合作联系事项。

(乙) 办理之事业——社会部成立虽仅二载,经努力之结果,

---

① 缺第四科,原文如此。

工作已渐上轨道，举其重要者有：

(1) 确立社会救济制度。“为确立社会救济制度，及奠定社会救济事业起见，社会救济法之订定，实有必要。盖以现代之社会救济，与往昔之慈善事业异趣，不仅图谋事后之补救，更当着重要事前之预防，不仅解除受救济人之疾苦，更当扶助受救济人使能独立生活。故其观念并非慈善，而为政府对人民应尽之责任，其方针不重消极，而当趋于积极，此实现代救济事业之新精神。本部施政，一本此精神，以建立新制度，并以新方法新技术切实推进。期树立今后救济事业之新基础，爰经拟定社会救济法草案，初稿成于三十年杪，计分五章共七十七条，举凡救济对象、救济设施、救济方法、救济经费以及救济行政等，均有明确规定。本部以兹事体大，复经参照各国现行社会救济法规，及我国实际情形详加研讨，并函邀各有关机关及专家会商修定完成，更拟具社会救济法原则草案，将救济要旨、救济对象、救济设施、救济方法、救济费用等，扼要说明，其立法精神现已呈请行政院，核转立法机关审议。又地方救济机构，以县救济院最为重要，内政部曾颁各地方救济院规则，本部接管此项业务后，为适合各地方需要起见，经于三十年八月间，修订县救济院组织规程草案呈院核定，旋奉院令此项规程与社会救济法有关，应俟社会救济法拟定后再议，一俟社会救济法核定公布，此项有关规章亦将修订实施。”（见社会部施政报告）

（2）筹办重庆实验救济院。“本部筹办实验救济院，旨在于实验之中，寓示范之意，并以新方法新技术办理新事业，期能倡导推行，为各地方树立模楷。重庆实验救济院，三十年七月开始筹备，于巴县苦竹坝勘定院址三百亩，按照救济院分属各部门性质，建筑院舍，已于三月一日成立，内设安老、残废、习艺、育幼、护产、医疗六所，教养兼施，分工合作，期建立养老、育幼、周恤废疾之崭新制度，尤注重公民训练，与技能训练，使其配合进行。所有该院组织规程，及人员编制表，收容人数表均经核定，呈奉行政院核准备案。至各项生产事业，亦经院调查选定适合救济设施之简易习艺工业，如印刷、染织等，分别拟具计划大纲，遴选技师及工作人员，开始办理，尚著成效。”（见社会部施政报告）

（3）充实直属救济设施。（子）重庆游民训练所。“该所前由振济委员会办理，移交本部接管后，迭经督导，尚有进步。所中日常生活，采用军事管理。训练方面，计分精神训练、知能训练、技能训练等项。精神训练订有实施纲领，包括生活指导、德性训练等，按周实施。技能训练方面，注重印刷、化工、杂工技术之传授，以简单适用，便于自谋生活为原则。本部并于适当期间，派员前往视察督导改进。关于技术训练、伙食管理、知能教学、生产业务等，均经参照考察报告规定改进办法，令饬切实遵办。又为扩充该所业务推进生产工作起见，除原有印刷科、化工科，积极整顿充实外，现拟增设棉织训练机构，一俟呈准指拨专款，即可开始办理。此外如充实医疗设备，调整游民出所后就业状况，以及与主管治安机关洽收市内游民，均由该所分别进行，旨在减少社会上流浪无业游民，增加生产分子，以期壮有所用，适合战时人力动员之需求。”（见社会部施政报告）（丑）重庆残废教养所。“该所原由振济委员会办理，自本部接管后，继续督导充实。该所训练方式，普通学科及职业学科并重，意使受训练之残民，残而不废。普通学科，在教以极浅近之文字知识及常识；职业学科，则视残民残疾状态及能力，施以适当训练，计分编制[①]、竹工、造瓷、园艺、看护等组，注重试验与实习。关于聋哑盲等残民，该所经分别订定特殊教育方法，因人施教，并予以生产训练。现分：（一）盲班，残民之双目失明者属之；（二）哑班，聋哑者属之；（三）普通班，知识水准较低之一般残民属于之。分班上课尚著成绩。至工艺成品，亦达十数种，均为残民日常作业，尚能博得社会称道。”（见社会部施政报告）（寅）重庆义诊所。“抗战以还后方医药缺乏，一般平民染有疾患，求治为难。原有医药救济设施，供不应求。陪都人口众多，需要尤切。本部有鉴及此，除拟具公私医院办理免费诊疗具体办法，呈请行政院，交由卫生主管机关饬属切实办理外，并于重庆设置义诊所，办理医药救

① 原文有误，疑为“编织”。

济，为集中人力，节省国币起见，交由中华助产士协会与重庆市医师公会合办，计分医疗及护产两大部门。前者暂设门诊部，后者偏重巡回助产，平民求治者，概予免费。医药器材，商由卫生机关随时予以协助，开办费及经常费，则由本部拨发。此项事业，旨在救济陪都平民疾苦，具有倡导性质，一俟办理具有成效，再逐渐推行于各省。”（见社会部施政报告）

（4）督促各省市整理慈善团体，并改进救济事业。

（5）倡办社会服务，如设立示范社会服务处，及指导各省市设立社会服务处。

（6）促进劳工福利，如实施工厂矿场检查，督导各级行政工厂工会办理劳工福利事业，办理工人福利社。

（7）实施平定工资，如编制劳工统计，及设置平定机关。

（8）筹办社会保险，如完成基本工作，及倡办劳工保险。

（9）推行儿童福利，如增扩各直属育婴育幼机关，及倡导并实施儿童医药救济。

（10）筹办职业介绍机关。

以上各项事工皆在努力推行中，成效可期。

（二）省社会处（市社会局）

根据民国三十年①九月五日行政院公布省社会处组织大纲，

① 即1941年。

各省政府得设置社会处，主管关于人民组训、社会运动、社会救济、社会福利等项。又根据民国三十一年四月九日行政院公布“市政府（包括行政院直辖市）掌管行政暂行办法（未设社会局之市由社会科主管）关于应掌管之社会行政事项”于下。

（1）人民团体之组织训练调整及其相互联系事项。

（2）社会运动及人民团体目的事业外一般活动之指导监督事项。

（3）劳资争议之处理事项。

（4）社会福利、社会救济、社会服务及职业介绍之指导实施事项。

（5）贫苦老弱残废之收容教养事项。

（6）其他有关社会行政事项。

各省（市）之社会处（局科）皆系最近设立。如以四川省为例，该省社会处系正式成立于三十一年三月二日，设三科三室，先求人事健全，嗣即办理接收，遵令向四川省党部、省府秘书处、民教建各厅及省动员委员会接收主管业务，并厘定该年度三月至十二月分[1]施政计划，提经该省政府委员会通过施行。计划要点计有：（1）充实社会行政机构，（2）加强人民团体之组织与管制，（3）兴办社会福利事业，（4）统一社会运动，（5）倡导社会服务事业，

① 现写作“月份”。

(6) 推广救济事业,(7) 举办社会调查。

各省市社会处(局)成立未久,事业多未开始或在开始中,其成绩尚有所待。

(三) 社会科及救济院

各县(地方)之社会行政,现规定由社会科主管,掌管于人民团体组训、社会运动、社会救济、社会福利等业务。所有经费均在各该县总预算内编列开支,其未设社会科各县局,有关社会行政事宜均并入民政科或教育科办理。各地方之救济事业,或院内救济,多设立救济院所,以处理之(间亦有名养济局、会、所者),另亦有设立其他机关,如施诊所、儿童教养所、游民习艺所或贫民工厂者。

关于各地方救济院规则是民国十七年①五月由内政部呈准公布,民国三十二年四月二十一日修正。原则共分八章:第一章总纲,规定救济院分设养老、孤儿、残疾、育婴、施医、贷款六所(注一),其中关于人员之任用,基金之筹募保管动用,亦分别予以规定;第二章养老所,第三章孤儿所,第四章残废所,第五章育婴所,第六章施医所,第七章贷款所,分别规定各所收容标准、设备、教养方针;第八章附则,规定救济院之主管机关与救济院之责权。

社会部于三十一年三月一日成立重庆实验救济院,内设安老、

① 即1928年。

残废、习艺、育幼、护产、医疗六所，教养兼施，并通令各省设立，作各县之模范，其在草拟中之社会救济法，在救济设施方面，设置安老所、育婴所、残废教养所、习艺所、妇女敬业所，助产所、施医所等，如能实现，当更为完备。

现暂以南京及成都所办之社会救济事业为例，以观地方办理救济事业之一斑。

（甲）南京——沦陷前之南京救济机关，在前清最早时代有江宁普育堂之设立。据闻系两江总督赵某于雍正十一年所创立，地址在南城外三里许佟园，其时分为“普济”“育婴”二堂，故定名为“普育”。而普济堂内则分为“老民”“老妇”“残废”三部。迨咸丰时毁于兵燹。同治四年，两江总督马新贻率同官绅捐赀恢复。因佟园旧址地势卑下，初就秦淮河南岸之崇义堂加以修葺，定为堂地，继复于剪子巷另建新堂即救济院院址，一切规模均照雍正旧制，而加以扩充，陆续于邻近一带成立四堂：一曰普育堂，内分收容贫妇及老残废二部；二曰普育分堂，内分收容老妇及女残废，并就近龙泉巷设残废新堂，共计三部；三曰育婴堂，收容婴儿及贫儿；四曰清节堂，收容寡妇，计总堂分堂及候补室三部；此外仍设有义塾以教授各堂收容之子弟。据云堂务在前清时，初由士绅办理，后改为官办，入民国后复由绅办。迨国民政府成立，遂由市政府收回，改组为救济院，计捐募及购置堂产有房屋凡十余间，洲圩鱼套九处，田地四千余亩，为南京唯一之慈善机关。此种组织约当于近代救济事业之所谓院内救济机关。此外还有各种私人团体办之救济事业，主要约有贫儿教养院、佛教慈幼院、慈善惜字总会、红十字会、乐善堂、宁郡义仓、广丰备仓、代葬局、金陵义渡、掩埋公所、孝善赊材局以及各种“善堂”(如乐善堂、修善堂、崇善堂、同善堂、普善堂、广善堂、合善堂、崇仁堂、厚德堂)，其所作救济事业除贫儿院、义渡等，可以顾名思义外，其他团体多以保婴、惜菱、施材、赊材、代葬、施药、施米、施茶、施衣、施粥等工作为主(注二)。

(乙) 成都——成都市的慈善机关，据金女大民国二十八年[1]的调查(注三)，共有六十五处，其中如普济堂、女婴教养所等，虽同归慈惠堂办理，但性质及地点不同，仍加以区分。今依其性质、方法及宗教三方面分类：(1) 按性质分，可以为公立、官立及私立(包括教会立的)三类，公立的十二所，官立的六所，私立的四十七处；(2) 按救济方法分，可以分为院内救济及院外救济二类，前者有十八处，后者有四十七处；(3) 如按宗教分有属于道教、佛教及基督教(四处)者，但大多数宗教性质未说明。

至于各救济机关之事业，关于院内救济方面有：(1) 儿童救济事业，包括育婴、慈幼、教养；(2) 残老救济事业；(3) 医疗院。关于

---

① 即1939年。

院外救济事业，则有：(1) 义学，(2) 借贷，(3) 施诊给药，(4) 施棺掩埋，(5) 施物（钱、米、衣、茶），(6) 其他如惜字、放生、临时救济等。

至于成都市救济事业之特点，在院内救济方面有：(1) 特重孤贫儿童教养事业，(2) 残老救济规模甚小，(3) 缺少游民及妇女救济事业，(4) 各院内救济机关缺少联系，(5) 忽略医药卫生，(6) 教养欠科学化，(7) 经费不充足。在院外救济方面有：(1) 多系旧式善堂性质，(2) 多含宗教意味，(3) 工作多重复，(4) 缺乏科学管理方法，(5) 缺乏专门人才，(6) 无确定经费等。

附录成都救济机关如下：

A 院内救济机关有：

(1) 慈惠堂；(2) 培根义学；(3) 培根农业学校；(4) 培根火柴厂；(5) 民生工厂；(6) 瞽童教养所；(7) 普济堂；(8) 育婴堂 (9) 女婴教养所；(10) 天主堂医疗院；(11) 天主堂育婴堂；(12) 天主堂圣婴院；(13) 中西组合慈善院；(14) 济良迷失儿童所；(15) 第一游民教养所；(16) 第二游民教养所；(17) 县立救济院养老部；(18) 慈幼会灾童收容所；(19)保育院。

B 院内救济机关有：

(1) 东益慈善会；(2) 直心善会；(3) 归仁善会；(4) 乐善公所；(5) 崇善局；(6) 正心堂善会；(7) 全浙慈善事务所；(8) 明德慈善

会等，共四十七个院外救济团体。

（四）振济委员会及救灾准备金

振济委员会之前身为振济委员会及振灾委员会，民国二十六年[①]该会改组成立时，除办理振灾及救济难民外，内政部公布之救济院规则所列各项救济之工作（见前述），亦系改由振济委员会接管办理。但至二十九年十一月社会部成立，救济职掌复划归社会部主持办理，复因抗战期间灾民及难民人数异常众多，故已有负灾民难民之救济专责之趋势矣。

该会机构，除秘书室、参事室、统计室、会计处外，设立三处：第一处下设(1) 人事科，(2) 出纳科，(3) 庶务科，(4) 文书科；第二处下设(1) 救济科，(2) 组训科，(3) 调查科；第三处下设(1) 生产科，(2) 教养科，(3) 贷施科。此外尚有卫生所，灾难民食堂，及合作社。

该会事业甚多，主要者有(1) 运配难民，(2) 难民组训，(3) 紧急救济，(4) 小本贷款，(5) 难童教养，(6) 一般灾害，(7) 难民工厂，(8) 难民医疗，(9) 空袭救护，(10) 监督慈善团体，(11) 指导各省市振务等。

各省设有省振济委员会，简称省振济会，直属于中央振济委员会，办理全省救灾事业。在四川省则一度尽归民政厅办理。各县

① 即 1937 年。

设有县振济委员会(简称县振济会),直属于省振济会,办理地方救灾事业,其主任委员则多由县政府社会科科长兼任。至于振济经费,则仍以由省县自筹为原则。

民国十九年十月十八日国民政府公布救灾准备法共十一条,规定中央及省救灾准备金额,以及收支保管等事项,而省方对于各县亦有规定。至二十四年①六月八日,国民政府复公布施救准备金暂行办法,及救灾准备金保管委员会组织条例,故各地方救灾工作多由振济会办理,而经费则由地方预算扣存作为救灾准备金,该项准备金之保管,则另请士绅组织救灾准备金保管委员会,可谓三位一体,全责分明。

第二节　公立的临时或特殊的社会行政机关及其救济事业概况

政府除设立社会部、振济委员会,及其附属机关办理经常的社会救济外,复因民众遇重大灾难,特别荒灾,及战时设立负特殊使命之临时组织或机关,办理救济事业。例如,民国二十年②长江大水灾发生时,国府曾设立"国民政府救济水灾委员会";黄灾发生

① 即1935年。
② 即1931年。

时，政府亦设立“黄灾救济委员会”，此外战事发生时，有“华北战区救济委员会”；以及最近几年来因战区扩大难童极多，设有“战时儿童保育会”，及其附设之保育院。此外尚有荣誉军人之救济等机构。兹姑举国民政府水灾救济委员会及保育院等为例：

（一）国民政府救济水灾委员会——民国二十年夏天，江、淮、河、汉同时泛滥，被水区域凡七万方英里，受灾人民凡二千五百万人，淹毙人数约一十四万人，其他原因水灾直接间接死亡者更众，灾区民众，因田庐飘没，被逼而流离转徙，经冬方归者约占百分之四十，禾稻损失，约值九万万元，农村损失，据统计亦不下二十万万元，遭遇此项严重损失者，皆属每年全家收入不满三百元之平民，实属惨痛。

此种空前之水灾，应付不易，既须立即振救数百万流难失所之灾民，不使其成为饿莩①，复须于数个月内。修筑长堤，使被水各区，不致沦为废墟。似此艰巨工作决非②原有之振济机关所能胜任，政府有鉴于此，乃于二十年八月四日设立“国民政府救济水灾委员会”专任其责（注四）。

该会各委员等奉令当即着手于内部组织，如扩大该会组织，集合中外人才，聘请为该会委员，共同办理；组设秘书处、调查组、财务组、会计稽查组、联络组、卫生防疫组、灾区工作组、运输组等七

① 即“饿殍”。
② 现一般写作“绝非”。

个委员会，分头负责办理。此外聘用专家（如聘英人辛博森为副委员长及总务处长），筹集资金（募捐公债、借款及政府之加税拨款等），定购美麦，拟定计划等。该会主要工作为(1) 急振，(2) 工振，(3) 农振，(4) 卫生防疫四项，而其步骤则为：

(1) 尽力为灾民急赈，尽先发放食品，建造收容棚所粥厂及置备卫生防疫等事宜；

(2) 待积水稍退，立即举行工赈，修筑堤岸，使复原状，以及其他水利或交通事工；

(3) 预备贮谷种，待积水既退，分发灾民，意味来年春耕之用，并随时扶助农田，回复原状之工作；

(4) 大浸之后，疫疠易生，极须[①]注重灾区卫生以防疾疫传播。

考急赈为直接散放，农赈则采贷放办法，委托华洋义赈救灾总会办理，其方式多用农村合作社方式，收效甚佳。至于治本计划，注重以工代赈，诚如该会报告所云："政府藉灾民之佣作，以修筑堤防。"灾民"赖政府之救济以维生活，事关实惠，谷不虚糜，防患恤灾，一举两得"。其工作均集中于工赈处办理之。总之，该会之救灾工作，实集中古今中外之大成，所采用之方式及技术，均极优良，可供后人参考。

---

① 现一般写作"亟须"。

至于工作成效亦颇宏实，兹略举数方面一二例，以资证明：如灾区受救济者达二百六十九县，灾民受赈恤者达五百万人，农村受借贷者达三十六万户，工作受雇役者逾二百八十万人，其妻孥赖以生存，间接受惠者合计当在千万人；又该会发放灾民棉衣，逾十万套，治疗灾民疾病及施种痘苗，防疫注射者逾二百五十万人；至该会灾工所成之土方，若以筑成高厚各二公尺之堤，其长度可绕地球赤道一周(注五)。

（二）华北战区救济委员会——如果欲再举一例，则华北战区救济委员会工作亦可提及。民国二十二年[①]滦东冀北各县遭受兵灾，民不聊生，政府派黄郛等组织该会，其主要工作以急赈及农赈为主要工作，尤以农赈为最。其收容可以参阅该会所拟之《农赈实施计划》(二十二年七月通过)，及《农赈贷放细则》(注六)，如：

(1) 目标。鼓励战区内人民兴办建设事业，增加生产力量，促进农业复兴目标。

(2) 性质。贷放低利资金，凡需要施舍之事均不在农赈范围以内。

(3) 范围。(甲)私人需要，如房舍，建筑修理材料，农具，耕畜，籽种、肥料，饲料，井渠，人工，下届收获前必需生活费(包含衣、食、医药、婚丧等项)，乡村工商业必需资金等；(乙)公共建设。

---

① 即1933年。

(4) 区域。以直接蒙受军匪损害之村庄为限,并按需要性质之缓急轻重,定承借之先后。

(5) 方法。承借农赈以村为单位,由希望承借之农户家主照章组织互助社,担负连保责任,将来农赈办竣,即以收还款项推广农村合作事业。

(6) 放款。参阅《放贷细则》(注七)。

(7) 赈款。原纲要规定总额二千万元,开办之始,暂按二百五十万元筹备,余款仍请委员会转商中央切实筹拨接济……

(8) 步骤。从经济情形需要协助最急之区,先仅"私人需要"办起,逐渐推广区城,同时放宽限制,以及于公共建设,视赈款之多寡定之。

(9) 权限。

(10) 办事处。

(11) 办公经费。

(12) 筹备事关行政……

(三) 战时儿童保育会及保育院——战时儿童保育会系中国妇女慰劳自卫抗战将士总会为救济战区儿童所组织之机构,该会于民国二十七年[①]三月十日成立于汉口,现移在重庆,继有各地战

① 即1938年。

时儿童保育分会成立。保育分会设立后，即着手筹备各地保育院，收容战时儿童，其中心工作即对于此类儿童施行教养。

保育院教养儿童之目标有五：(1) 国防教育之灌输，训练儿童学习普通军事技术，养成儿童生活军事化，企望造就国防军事干部人才；(2) 生产教育之指导，予儿童以必要生产技术之训练，企望造就战时物质及人力补充人员；(3) 公民教育之实施，培养儿童以丰富之国家观念、民族意识，以及养成儿童具有新生活公民之各种特质：不苟且，不自私，刻苦，耐劳，见义勇为，爱物，清洁，遵守秩序，企望造就建设新中国之基本分子；(4) 健康教育，实施体格检查，注重心理卫生，求得生理及心理双方之健全发展；(5) 文化教育，根据儿童保育会总会之"六能主张"，"如能读普通之书籍报章，能写普通之函札与记载，能计算普通之简明账目和问题等"，予以训练，并对于特殊才能儿童加以鼓励，尽量发展其所长。

关于战时新兴之特殊救济事业不一而足，以上仅列举数则以概其余。

第一项　私立的经常及临时或特殊的社会救济事业①

除掉官立的社会救济机关外，尚有不少的私立的救济机关，规模大的有华洋义赈总会，其农赈办法极优良，已为政府办理民国二

① 此处小标题有误，因前面内容缺少小标题。

十年水灾救济及华北战区救济时所采用。此外有国际红卍字会、红十字会及黄十字会等，大多以救济战区伤兵灾民为主要工作，但亦办理其他救济事业。其次则为各地的一般善堂、善会、祠堂、会馆等，其办理救济事业最为普遍。因我国人民之家给人足者，受佛教思想及儒家伦理观念之影响(第一章已论及)，多具施舍之情绪，积福之企望，除私人周恤外，亦多有联合组织各种善堂、善会，以便举办救济事业者。同时我国社会组织之基础仍大半为血缘及地缘，一切人与人关系之维系，大多以同族本家或同乡为转移，故对困乏之人，凡有同族或同乡之谊者，多有扶助之义务。视一检视各家族之祠堂及同乡会馆之工作，其中一大部分，均以济困扶危为指归。除前章节所提及者外，兹再举善会及祠堂之有关章则以觇其余。

(一) 善会之内容——姑举调阅四川省政府档案中对于成都慈惠堂之调查报告节录一段以为例子(查该会规模极大，成绩亦良，惜向无详细规章，一切工作以办事主持人之信用及计划为准则)。

“成都旧有慈惠堂已历八九十年，向系地方绅士办理，收养孤儿瞽童，产业无多，人数至少。民国十二年[①]由旧首事刘盛荣等八

① 即1923年。

人公推尹昌龄总其事，以教养孤穷子弟为原则。前清劝业道举办之惠昌火柴厂，其基地系慈惠堂所有，适逢原议二十年之期届满，厂务又败坏，杨军长森方综省政，乃拨还慈惠堂，改名培根火柴厂，于是借债经营，逐渐发展，丁文诚祠之产业亦由原首事罗恒甫等议定并入该堂管理，以扩充孤穷子弟名额外，又增设轻利借贷及恤嫠等项。嗣于十四年①罗师长泽洲管领市政府时，又将原隶省公署之育婴堂、普济堂及济贫厂，幼孩厂，交与地方士绅办理，设一慈善院名义以系之，仍以尹昌龄总其事。慈善会无经费，无地点，遂附于慈惠堂之内。普济堂自身田地积弊甚深，育婴堂产业较少而弊亦难免，经尹昌龄剔除整理，虽遭怨谤，而事业得以进行。民国二十年，黄市长隐又将民生工厂拨归地方办理并入慈善院。就各端而论，惟育婴堂最不易办，抛弃入堂者，女婴居十之九，可虑者是渐次长大，为人领取骗卖，堕入下流，前车可鉴。由慈惠堂独立建筑女婴教养所、幼稚园，以为育婴堂之后援。普济堂所收，皆孤老残废，男妇幼孩济贫两场则改为孤穷子弟教养所，现又改为培根小学。丁文诚祠所设小学亦如之，民生工厂则改为培根工厂，初接办时只有厂房一所，凡工作器具材料资本一概俱无，均由慈惠堂筹措置办，计有织布科、平鞋科、纸笺科、苏裱科、棕工科，又于慈惠堂内

① 即1925年。

设有石印科、缝纫科，此项工厂，市政府月支补助费四百七十四元二角，综计十余年来节节推进，以迄于今，计所收养人数慈惠堂本堂内小学预备班瞽童教养所以及石印缝纫两科共九十四人。培根第一校三班共一百一十九人，第二校三班共一百一十三人，第三校六班共一百三十八人，皆是教养兼施。育婴堂婴孩三百七十八人，饭孩十二人，女婴教养所女生女孩二百二十六人。普济堂男妇孤老九百七十四人，工厂学生一百一十五人，统共二千一百六十九人。此专指所养者而言。加以育婴堂乳妇三百七十八人，各校各堂所教习管理执事各员以及杂役，又共一百四十五人，每年由市政连同工厂月拨之四百七十四元二角，共计一万二千零八元。"（民国二十九年）

如再举什邡县全义慈善会章则之内容，更可明了地方之私人办理善团组织及其救济工作。其章则除依照监督慈善团体法暨慈善团体组织法加以规定，以救灾、济贫、养老、恤嫠为目的，其中善务组主办公益慈善实施事宜，分为下列十股，以会员能力所及，随时随地量力为之：(1) 临时救灾，(2) 施送棺木，(3) 年终赈济，(4) 贫民学校，(5) 冬送棉衣，(6) 每月孤贫，(7) 暑热送茶，(8) 送医施药，(9) 惜字焚化，及(10) 送照夜灯。至于经费来源，为会员之捐助，其方式有(1) 临时救灾捐，(2) 年赈捐，(3) 月赈捐，(4) 临时捐等。会员则为地方士绅善人。

（二）祠堂——我国各家族之祠堂为族人捐助，公产建立祖祠，除慎终追远、祭祀祖先、睦族敦谊外，复有救济事业以助困乏之族人，兹举四川“廖氏族谱”中所订之“□规”，有赏老及族葬二条可以为例：

(1) 赏老。自虞夏以来，皆重养老，书策所载典至隆盛，所以教子弟以孝悌之道，而敦伦纪也，祖祠每年十月十三日体用祖生辰，合族祭享会燕，以受福胙，凡年自六十以上者，赏钱五百，七十者钱一千，八十者钱二千，九十者钱四千，男女同，所以示子弟尊长，养老之意至切，泽至优也。后生小子果体斯美意，尚有临伤豆而敢犯，居衽席而敢争者乎。

(3) 族葬。盖闻古人有泽及枯首之举，义塚之兴，由来重矣……曾将营业地段拨作家族义塚，……严定规则，以作族中死亡无地掩埋者之所。

此外尚有设义学以课士，资助寒土赴考（目前资助入大中学）等办法，均为族人共同之互助及救济事业。

第三节　我国社会救济之问题

第一项　公立社会救济行政

除振济委员会外，自社会部成立以来，公立社会行政已有渐入正轨之势，实为一可喜之现象。因振济委员会与社会部之分工合作，已具端倪。而社会部自改隶行政院后努力工作，两载以还，规模渐具。其主要工作，如(1) 设置并调整社会行政机构，(2) 确定社会建设计划，(3) 制定及修订社会法规，(4) 训练社会工作人员，(5) 建立人事制度，(6) 举办调查统计，以及研究设计等项，均为扼要之事工，奠定我国社会行政之基础。惟尚有不能已于言者，即就我国目前情形，公立的社会行政机构及事业观之，仍难尽令人满意之处，而希望百尺竿头能更进一步。

(一) 公立社会行政机构之重复。目前我国之各种社会行政机构为数甚众，以致常为某一种性质相同之事业而办理之机关常有数个以上。例如关于儿童保育一项，办理者有社会部，有振济委员会，有战时儿童保育会，此外尚有不少私立者，或为教会或为善堂，实难免有叠床架屋之处。

(二) 公立社会救济行政机构缺乏合作与联系。办理同类事项者，其经费来源、办理方针，或因地域及历史上的原因有暂时不能合并之处，但其间似尚缺乏联系或合作精神，其不能统筹兼顾，浪费人力财力之处，颇难避免，而急需改善也。

(三) 公立社会救济行政人才之缺乏。按国父[①]五大建设，以

① 指孙中山。

社会建设为首要。目前办理社会之事业者，上至中央，下至省县地方(约二千个县)，多半非专门人才，如自上而下，经作一度估计，所需之专家、研究生、大学生及初级干部，应在五万人以上。而实际上我国已有者恐尚不足什一，应急于训练及补充。

(四) 公立社会行政之理论与技术未臻完善，目前办理社会行政之人才，或则长于经验而缺乏理论之基础，或则长于西洋学术，而尚不能配合我国社会实际情形，方圆枘鉴，成效难期，亦应予改善。

(五) 经费不足工作敷衍。我国公立社会事业尤其是地方社会事业，常感到经费不足，事业难以推展。例如，中委李宗黄氏(注意县政者)提到县救恤工作之缺点时，曾说到，首先看救济院的情形吧！县救济院的经费，大抵每月不过一两百元，如按照百分比看来，它也许还不是县预算中最可怜的一笔。但以这样的数目能办些什么事呢？不要说养老育婴等六所全没了，即令但设立一所也是不富裕的。因为经费有限，门面又不能不敷衍，所以各地的情形多是虚设。一个机关收容极少数之留养人，或者并不收容，而只是给某些经士绅介绍的鳏寡残废者，以少许按日的口粮，以备上级检查时，可以集合来应酬。或者是把某些公立或私立的事业改悬招牌，而予以少数津贴；至于切切实实地做出些成绩的，实在凤毛麟角。因为设备不周，办理不善，所以有些地方乞丐视救济机关如牢狱，宁愿乞食，不肯留养。而另有若干地方则救济经费不过为士绅的穷亲戚救济之资而已！（注八）可谓揭穿黑幕不少，作者参观各地方救济机关时亦同具此感。

第二项　私立之社会救济

我国一般私人之社会救济事业，本亦是社会一种产物。所谓本乎习俗，顺乎人情而产生之一种社会制度，而人与人之间（救济者与被救济者之间）常含有热力或感情成分于其间，可谓难能而可贵，复本“亲亲”（亲亲而仁民，仁民而爱物）之义，程序井然，亦颇自然。对于我国以农村社会生活为基础之社会组织，尤有其适应性，未可厚非。然其本身固亦有可议之处，而我国人口在日趋城市化及都市化之生活形态中，其适应性之减退，亦应无疑问也。

（一）私办旧式社会救济事业之目标多属消极作用。我国目前之私营社会救济事业，其目的多为直接的施舍，偏于消极救济的作用，而缺乏积极的预防，纠正及恢复其自力更生之方策，或积极的作用。虽多具仁者之心，却缺乏智者之办法，结果常易造成贫穷之依赖者，养成贫民惰性，增加社会担负，殊非得策也。而我国一般之救济事业则多此弊。

（二）重人治而乏法治之精神。我国一般政治设施，多为“人治主义”尤其是信任贤人政治。在社区狭小，每人兼深知其邻人之条件下，亦有其优点，但已时感在位者不皆为贤人而贤者又不皆在位之不便。而况即使贤者当政，又不敢必其永久，则易发生人存政举，人亡政息之忧。故我国私营社会救济事业亦有此种缺点，平时推举贤明者负责，主持其事。如遇到贤而能者，尚有可为，如遇贤而不能或能而不贤，甚至不贤不能者，则常易使救济事业败坏无余。而况且我国社会人口日趋扩大，旧日之工作亦应随之而扩大，渐非适于往日之人治办法所易奏效，而应扶上法治途径，方易成功。

（三）组织松懈规模狭小。旧式之社会救济事业组织常欠紧凑，规模亦嫌狭小。此不独为社会救济事业机构之缺点，亦属我国社会组织各单位之通病。此固由于我国社会上有政治天才之人事不易得，而社会环境之配合，法治精神之缺乏，及经费之不足，亦系重要因素。以之适应往日之环境已嫌不足，时至今日，更有改善之必要，则系明显之事实也。

（四）人才缺乏训练不足。我国社会救济事业人才之缺乏前已言之。对于私营救济事业，常系推地方年老士绅主持，视为晚年余业之一种。此辈人士虽不少贤良方正者，然救济亦须有科学素养与技术。此则非一般人所能尽悉，欲求其允洽无误，又属期望过殷，而不一定能圆满。如再遇平凡及偏私人士主持之，其失败更可必也。

（五）方法渐科学化。救济亦一科学也。得其道则易为，昧然施行，则易生流弊。公私救济事业，固具有同等情形也。前已言之，不再赘述。

（六）经费不足及不定。我国私营救济事业之经费，多系捐助而来，数量既少，且无一定，影响工作之计划及推展至重。其间虽有不少置有公产者，然以管理不得其法，常易丧失或为人吞没，此亦系私营救济事业之通病也。

以上各点，有关我国社会救济事业之问题及得失者，仅系举其荦荦大端。至于详细之利弊得失，则容于讨论各专题时，再为申述。

注释

注一　《救济院规则》第一条载有：各省区，各特别市，各县市政府为教养无自救力之老幼残废人，并保护贫民健康，救济贫民生计，于各省区、省会、特别市政府及县市政府所在地，应依规定设立救济院，各县乡区、乡镇，人口较紧处所，亦得酌量情形设立之。第二条载救济院分设下列各所：一、养老院，二、孤儿所，三、残废所，四、育婴所，五、施医所，六、贷款所。各县各普通市及乡区村镇设立救济院，对于前项例举各所，得分别缓急次第举办，亦得斟酌各地方经济情形合并办理。据民国二十三年《申报年鉴》所引之统计，全国救贫机关，凡八百三十余所，其数字于下：

总计	丧葬	施医	贷款	济贫	项别
一三三	七	二四	一二	四九	官办
四零九	九三	二二一	二九	六六	公办
二九三	九二	一一四	一四	七三	私办
八三四	一九二	三九九	五五	一八八	合计

注二　参阅拙著《中国贫穷问题》三二六页及南京市救济院十九年刊。

注三　参阅金陵女子文理学社会系编之《社会调查集刊》。

注四　国民政府命令开：政府前因各省份报水灾人民受害极巨。经令行政院派员切实调查，统筹救济在案，此次灾区之广，灾害之巨，为百年来所仅见，举凡临时之赈恤，事后之补救与防灾之根本建设，均应集中外各方财力应用专门知识为合理之规划与实施，兹特设国民政府救济水灾委员会，派宋子文、许世英、刘尚清、孔祥熙、朱庆澜为委员，并以宋子文为委员长迅速筹备急切进行，以副政府轸念灾黎之至意。此令。

注五　参阅国民政府救济水灾委员会报告书。

注六　参与华北战区救济委员会报告书。

注七　同前。

注八　李宗黄著《新县制与社会救恤》，载《中央党务公报》第四卷第十九期。

第二篇

分　论

第五章　老年赡养

第一编数章中曾说就社会救济本身作一概括的分析。在本编中自本章起，将对救济之对象或被救济者作一个别的分析。兹拟从老年人之救济开始。

第一节　何为老年

人生的历程，自离开母体直到钻入坟墓，如果不是早夭的话，其经过是由幼而少，由少而壮（而成熟），由壮年（或成熟）而衰老，以至于死亡。故老年人是人生或生与死的中间最后的一个阶段。也就是人生最后的一幕剧，也是悲的成分大于喜的成分的幕剧。所谓老年人的叹息，“不堪回首”的情调，都是吐露着晚景的悲哀，人生很少能享寿百年，除短寿者外，任凭你何如强健，直等活到六十岁以后时，精力日衰，身体各部分的器官，日渐失去效能，体力较之智力尤其衰退得快，同时也就是生产力比消费力衰落得快。人生至暮年也同儿童一样，不能生产，只会消耗，是一个十足的消费者。如果自身有积蓄有财产，还可以过得去，否则只得入贫困之渊变为贫穷之依赖者，而必须由他人负起责任以维持其生活。

第二节 老年人的种类及其问题

老年人可以分为六种，问题自亦各异（注一）。而西洋的老年人，有时所感觉的困难比中国老人还来得严重。

（一）第一种的老年人系具特别的经精力及优异的机遇，赚钱的本领至老不衰，此类人士为数不多，问题亦甚简单。

（二）第二种老年人是当壮年时颇有收入及积蓄，及暮年降临，不能继续工作时，得从容利用其积余以度余生。此在西洋社会中为一极普遍的心理。如能实现，问题亦属单纯。但事实上此类老人即使在富裕的美国人中也不太多。

（三）第三种老年人是有子女赡养的。此在大多数的国家是相当的普遍，而且适乎一般社会伦理的标准。我国以敬老的善行闻于世，社会伦理以孝为中心，一般平民亦有“养儿防老，积谷防饥”之传统，养老问题更为简单。在西洋各国虽亦多承认此为一种优良合理之制度，但以社会组织日有更张，家庭制度日趋缩小及解体，此种赡养方法现有不可能之趋势。试以美国为例，在昔日以家庭为一经济的集团之概念，已缩小其范围，至仅以养育子女为限，子女对于父母亦仅有道德的义务而缺乏法律的责任。其次因个人主义的盛行，据美国公民协会调查一部分的老年人，根本就不曾结婚者，约占百分之六，有百分之十二的老人虽结婚却无子女，有一子或一女者占百分之十三，有二个子女者百分之十五，此种情势较之昔日有半打以上乃至一打之子女者，已不可同日而语。其有一二子女愿担负赡养者，是否有此能力，有担负赡养之能力者，是否即愿赡养，均成问题。

（四）第四种老年人为须依赖公私救济以为生者，此类老人多系平时收入甚少，仅足糊口，无子女亲友赡养，至晚年不能工作时，如无救济，则只有坐以待毙。在美国普通公私的救济，或为院外救济或为院内救济，因多数的救济是有组织的，因此老人院等机关的救济是颇为普遍。惟此类机关颇为硬性，因此好多老人都不愿入养老院或救济院。在我国亦然，平时詈人“进孤老院”为刻薄詈人之辞，亦可见此种情绪矣。一部分老人不愿受机关救济，又将如何应付，此又是一个问题也。

（五）第五种老年人系依赖服务机关之养老金或退休金以为

生存者，此在西洋各国已感受未能普遍之不便。在我国更少有此种办法，普济尚未周，实无疑问。

（六）第六种老年人为一般穷困及毫无办法之老者。既不能继续工作以谋生，又无积蓄以养老。既无子女赡养，又无充分之救济机关加以收容。而老年之养老金及退休制度又不普遍，穷途末路，至为悲惨。据美国公民协会（National Civic Federation）调查，六十五岁以上之老年人中，男子有百分之二十五，女子有百分之三十四，毫无财产，有百分之四十无工作收入，有百分之十七既无资产又无收入。老人中有百分之二十五不能再做任何种工作。有百分之三十，尚能担任轻微工作。富裕如美国，尚感觉困难重重，在贫困之我国社会中，不幸的老者当亦为数不少。

第三节　何以需要老年赡养

（一）老年失养为造成社会贫穷寄养或依赖（Pauperism）重要因素之一。据英国布士（Charles Booth）的东伦敦的调查，六十岁以下的人口中仅有百分之四点六是贫穷依赖者。但在六十岁以上人口中却有百分之二六系贫穷依赖者。据分析，其所以由百分之四点六增至百分之二六者，是直接或间接受老年失养之影响，并加以佐证云：英各教区之受公家救济者，其中老年人很多，而常占半数以上(注二)。在我国虽不若此严重,但亦不在少数,却不容质疑。欲减少贫困寄养,对于老年赡养自不可不特别注意。

(二)老年失养,多数系社会所造成,因此社会应负其责。考以上六种老人,感觉不幸者为:(1)平时收入不足;(2)或无子女赡养(其间亦有不少子女是不愿赡养);(3)受工业上的淘汰;(4)救济机关不足应付等。

(1)平时收入不足。东西各国之社会经济制度多少含有"经济的不公道",即实际生产者,常无公道的代价或收入,而实际享受利益或富足者,常非实际生产之人。在这普遍的人剥削人的社会中,一般劳苦大众(包括血汗的工人及佃农等)终年胼手胝足,常不获温饱,安能有积蓄以备晚年之消费。在西方亦常承认"工人多半是给付不足"。所以这般老者至晚年无以为生,似乎是由社会造成,当然应由社会负起责任,予以解决,方合社会正义的原则。

(2)无子女赡养及子女不愿赡养。此系中个人主义之毒,以及生活不易,妨碍结婚或延迟结婚所致,兼之子女成年,辄弃双亲于不顾,易使为父母者对于养育子女不发生兴趣,结果子女愈不孝,父母愈不慈,而天性雕丧尽矣,谁负其责?我国渐有此种趋势,诚应加注意之问题也。

(3)工业的淘汰。目前工业化的国家,其产业的原则为"生产多","生产快",注重效能,重视金钱,故雇用工人常思取其一生最精粹之一段，所谓“取精用宏”，视“人”如“物”或“机械”，一旦效能低落，即予以遣去，大非昔日家庭工业时代之亲爱精诚，祸福与共之精神矣。故工人一旦老去，除少数有津贴者外，只有堕入贫困之途，冻馁以死，此种“不仁”之残忍现象，应予以纠正也。

（4）救济机关不足以应付。各国之老年失养者，为数均众，但因设备不足，不能尽量容纳，或设备不良，老人不愿去住。在西洋各国对于救济事业虽注意甚早，儿童救济亦早，且有办法，惟对于老年人之赡养，直至最近始加以特别注意，殊令人惊异不置。在我国虽以敬老著称于世，然设备不足，未能兼顾，亦应予以纠正也。

（三）老年人之贡献。老年人除少数不肖分子外，亦多系终身勤谨工作之人民，已有不少贡献，但体力虽衰，不能任剧繁，而智力则多半是减退稍迟，尚堪利用，而况老年人多经验充足，常为智慧之宝藏，文化传递之连锁，在东方加以敬重，固自有其理由，而西方晚近已发现老者如“重加训练”，仍可担任轻快工作，如政府公务人员，以及不需劳力之工作，废物尚可利用，何况老人乎！故多数老人，如善加指引及训练，仍可有益于社会而不至完全变为社会寄生虫，且可保存其自尊心也。

（四）尊重天性。老年为少壮之延展，少壮终必趋于衰老，老年虽系人生之一阶段，而人生究系一整体也。如注意一部分是忽略其他部分，是忽略人生整个之价值。注意人生年青时之贡献，而忽略老年时之补偿及功用，是忽略人生之社会价值。而况“哀哀父母，生我劬劳”。《诗经》云：“无父何怙，无母何恃。”又云：“父兮生我，母兮掬我，抚我畜我，长我育我，愿我复我，出入腹我。”所谓父母之恩，昊天罔极。如一旦父母年老，竟等闲视之，或视之如路人，残忍孰甚！对于双亲不孝，而能对他人诚恳者，实难免虚伪也。我国所谓“亲亲而仁民，仁民而爱物”，实千古不磨之伦理思想，而非矫情之论。再进一步，能做到“老吾老以及人之老”，方易于实现大同世界之思想，此亦系我国文化中有贡献之一部分，而足以自豪者也。

第四节　老年人所需要的救济及赡养

老年人所需要的协助，或救济是与其他各类有不同之处，主要的有以下数点。

（一）第一是医的需要。老年人最大的问题是疾病，不但需要医药治疗，而且含蓄着一些社会及经济的问题应予解决。欧洲各国老年养恤金制度盛行之处，领取衰病恤金之老年人，常较领取老年养恤金之人数尤多。在贫民救济所之老人，据统计仅有百分之十五是身体健康，在老人院中约有三分之一是有病的，其中半数是不能起床。

老年人所患的，大多数是慢性衰弱之症，如心脏病、中风、肾脏炎、毒瘤或静脉管硬化。六十以后，死亡率常随年龄而继长增高，都因各部器官及肌肉之机能逐渐失效用，或者呻吟床褥，需人医治看护，或者虚弱颟顸，不能继续工作，需人养治，并须如此维持下去以至于寿终正寝，其间有宕延至数年之久者，所需医药自属不赀，调养费用亦巨，其无积蓄及子女者更为严重。此种费用，何人担负？在小家庭制度盛行之今日，在家中养病有时亦影响全家人之安宁，普通养老院亦有未便。故费用及医病处所皆成问题，而且此种问题是对于医药、经济及社会三方面问题兼而有之。

（二）第二是养的需要。人生自年幼至成年，或二十岁左右，是自然依赖性的生活，是消费时期。成年以后至六十左右是工作赚钱或生产的时间。六十以后以至于死，乃又为消费时期，故人到六十以后，大多数不能再从事于工作，收入停止，但生活费用仍属需要。他们需要易于消化而有充分营养的食品。他们是“风烛残年”，需要特别温暖、柔软的衣服。他们多半是红尘纷扰中的退休者，一方面需要伴侣，慰其寂寥，一方面却需要一种安静的生活。故住处亦须恬静、卫生。要合乎这些条件，必需大量的金钱，而且这种环境亦不易得。

（三）第三是需要尊敬的态度。老年人是饱经世故，多半是具有自尊心，嗟来之食，稍有廉耻者，不愿接受，对于后生小子傲慢不恭，安能忍受？所以我国古语云："自古犬马皆能有养，不敬何以别乎？"

（四）第四条是需要了解同情与爱护。换言之，即心灵上的需要：老年人大多数是忧患余生，尝遍人世酸辛，故多半是性情孤僻，或者是童心复现，所谓童骏之心。人生在幼年时，欲望、习性多任其发展，天真幼稚，在所难免。及至成年，受过文化的洗礼，多养成克制的习惯，彬彬然有礼。但达到老年时期，控制情绪之力，或克制力减退，生活习惯难免复返于童骏幼稚，甚至做出可笑之事。如不了解此点而予以同情，其痛苦为何如耶？俗云：老小相似，故宜移爱护儿童之心情以爱护老年，则庶几矣（注三）。

第五节　欧美各国对于老年赡养之办法

欧美各国是工业化的国家，而且是相当的富足。他们自有其本身一套的办法，行之有相当的效果。至于能否完全施行于中国，却要加以详细推敲。

欧美各国对于老年赡养或救济之方式有以下几种：（一）在老年尚有精力从事工作，能自力谋生者，为之另谋职业；（二）不能继续工作谋生者，或早为之备，则用养老金及老年保险两种制度或办法以应付之；（三）无家可归，无子女赡养或家庭不适宜于居养者，则设留养机关(以及疗养机关),以赡养之;(四)发展社会工作,以便促进养老事业之合理化。

(一)老年人之职业再造。老年人除衰病不能工作者外,尚有一部分堪任轻巧或仅需用智力之工作,此在工业界、社会方面,以及职业介绍所,通力合作,予以调整,成重予训练能尽其长。例如美国某森林区之林业工人,一旦年老不能作重工时,重予训练为厨司等轻巧工作,亦能胜任愉快。

(二)养老金(Old Age Pension)与老年保险(Old Age Insurance)办法,有相互关系,皆为老年退休时谋取经常收入,以度余年之生活(普通是有家的)。前者政府加以津贴一部分款项,后者则完全由工人及雇主双方付款储存,故老年保险系工人于生产时期中储工资之一部分,为将来之用途。养老金则遇老年保险费不够生活时,政府得予以救济或协助,二者有相辅相成之用。在美国养老金制则亦名为老年协助(Old Age Assistance),老年保险则名为老年及存活者保险(Old Age And Surviors Insurance),而均列于《老年安全法案》(*Old Age Security Act*)或《社会安全法案》(*Social Security Act*)中(注四)。

大规模养老金制之采用,首推德国,法、比、意、丹、英、美诸国亦相继采用。此制在英国,虽倡议甚早,而实行甚迟,例如在一八九九年时,张伯伦所指派之委员会曾建议凡在六十五岁以上之公民，每周收入在十先令以下者，得予以养老金五先令。后以为数太众，财政尚无办法而作罢。但联邦中之纽西兰[①]、新南威尔斯[②]则已实行。美国于一九三五年通过《社会安全法案》，其中规定者有老年协助及老年保险办法。关于老年协助办法所规定者，有领受之资格，如：(1) 年龄需在六十五岁以上或七十岁以上各州不一；(2) 不住在救济机关以内者；(3) 贫乏；(4) 无财产或财产甚少；(5) 无亲戚；(6) 居住五年以上或系本籍；(7) 公民资格；以及(8) 向无犯罪行为者等。据云，各州中以纽约及麻色秋色[③]等州为完备，其详细办法可供参考也(注五)。至于老年保险，则自一九四二年起，凡在六十五岁以上之合格工人，每月可以领回保险费之一部。保险费之来源，则为政府照工人工资额所收取之税收，作为应付之保费，而由雇主及工人双方工人平均担负。保险费之数量则按照工资累进比率收取之。其主持机关为社会安全委员会(注六)。在德国则在中央政府之监督下，由保险公司与省政府合办，劳资得派同等数量之代表参加，工人每周应付之保费分为五级(三分半、五分、六分、七分半及九分)，劳资平均分担。每人所在之一级，系由其每日工资数量而决定，但老年保险费之收回，须在满一

① 现一般译为“新西兰”。
② 现一般译为“新南威尔士”。
③ 根据读音推测，应为“马萨诸塞”(Massachusetts)。

千二百周，以后无力工作或已满七十岁时方可开始发还(注七)。

(三) 机关居养：院外救济对于有家有室之老年人是相当的便利，因只须稍予协助，彼等仍可家庭团聚，而不至于破裂。但为无家室无子女或子女无力以及不便赡养者，则院内之救济亦不可避免。考欧美之院内救济已发展至再分类之地步。往昔常将男、女、老、弱、病、废、贤、不肖均收留于一处，弊端百出；经改良后，已加以分别安置。如为老年人，为儿童，均专设机关，予以收容。至目前更进一步，即对于每一类再按各别情形加以区分。

(1) 老年人之病院。老年人之机关居养，在美国等处，亦已分类化。例如男女分院，病者与健康者之分开，而病者中之有肺病者，则又分开居于老年肺病治疗院，有癌病者，居于癌病治疗院，以免相互传染，及喧杂不安。

(2) 大城市之老人公寓。老年人之居养机关，在美国种类甚多，可以由大规模之公寓，以至于小规模之老年院，由军队式之管理，以至于自动的自治与合作，无不具备。兹首先举纽约之汤普金方场[1]公寓(Tompkins Square Apartment House)为例。该公寓系一座五层楼大厦，面向方场，为一富绅所捐资兴建，办法照一般公寓规则办理，但不以营利为目的，故租价比市价贱百分之二十三。

① 现一般译为“汤普金斯广场”。

凡老年无家者，可以请求居人，各人有独房及设备。每四人合用一厨房，以备自炊。不愿自炊者，楼下有平价饮食部，可供饮食之用。上有屋顶花园，可以闲坐阅报，看花谈天。住于此处者，系一般中级以上之社会人士，如退休之教员、公务人员、文艺界人士、会计师、护士等，稍有积蓄或养老金之支借者，公寓中同时有一精明之管理员，随时照应，以防疏忽。

(3) 老人家庭(Homes for the Aged)。这是各城公私设立规模较小者之老人居养院所，为收容合乎年龄、财产、或合乎某种会员资格者养老之所。收容人数，自数十至二三百不等。其设备及生活程度亦高低不等，自奢侈安适之程度，以至于仅足温饱之生活，如数十人居一室，数十人共一餐室，及每次三四十人同时沐浴之机械式的生活。

(4) 乡镇之老人园(Forms for the Aged)。此为小市镇及乡村之老人居养之所，使老人在此处生活，一方面安静，一方面还可稍稍从事农艺或园艺工作，享受农田之乐趣。

(5) 家庭式小公寓(Cottage)。晚近社会工作人士因鉴于以上居养办法之机构冷酷及嘈杂，而缺少安静之私生活及自动合作之精神，爰改用之小公寓方式住宅，单位甚小，可有老年男女四五人以至十余人。大多数有某种联系或友谊者，共同生活于一处，饮食起居，有互避视线之床位，有共同之厨房，适宜之餐室及园地，分工合作，各尽所能。矫正大规模居养机关之弊端不少（注八）。

(6) 老年人合作家庭（Cooperative Homes）。老年人虽多个性孤僻，习惯守旧，但如善加指引与训练，亦仍可度一种合作生活。例如在美国华盛顿之徐利浦（Tulips）地方，即曾开始此种办法之训练，集合兴趣相投，志同道合之年老人约四五十人，用各人如独立生活即感觉不足之收入（如养老金）集资组织一合作式大家庭，类似俱乐部，采用民主式之管理推选职员、经理。一切有关生活各方面之工作，由各会员各尽所能及兴趣所近参加活动，结果饮食起居均甚安适，趣味盎然，仿行者渐众（注九）。

第六节　我国之老年赡养

(一) 古代的养老。我国自古皆敬老，政府提倡颇力，对于养老之礼极为重视。例如，马氏《文献通考》有云："有虞氏深衣而养老(孔颖达之人君养老有四种：(1) 是养三老五吏，(2) 是子孙为国死难而王养死者父祖（今日之烈士家属），(3) 是养致士之老（今日退休之公务员），(4) 是引户核年养庶人之老，四代皆然。养国老于上庠，养庶老于下庠，而用燕礼。夏氏燕衣而养老，养国老于东序，养庶老于西序，而用飨礼。殷人缟衣而养老，养国老于右学，养庶老于左学，而用食礼。周制元衣而养老，养国老于东胶，养庶老于虞庠，兼用虞夏殷之礼。天子养衰老，授几杖行糜粥饮食，五十养于乡，六十养于国，七十养于学，达乎诸侯，八十拜君命，一生再至，瞽亦如之，九十者使人受。五十异粮，六十宿肉，七十二膳，八十常珍，九十饮食不违，寝膳饮从于游，可也。”又《礼书》曰：“天子之于老也，其所养也三：国老也、庶老也、死政之老也。岁养之也三：仲春也，季春也，仲秋也。”至于养老费用之所出，则“遣人门关之委积，以养老孤”。因古者门关出入皆有税，所税得者国用之外，留之以养老孤。又云：“司门以其财养死政之老与其孤。”财亦即门关之委积，故古人对于养老筹之熟矣。

又《汉书》载：“文帝元年诏，老者非帛不煖，非肉不饱，今岁首不时，使人存问长老，又无布帛、酒肉之赐，将何以佐天下子孙孝养其亲哉！具为令，有司请令县道，八十以上赐米，人月一石，肉三十斤，酒五斗，其九十以上，又赐帛，人二疋，絮三斤，赐物及当禀鬻米者，长吏阅视丞若尉致之。”（注十）兹仅举数例，可观我国古代养老之一斑。

以上仅举政府之养老办法，至于民间则敬老养老之习俗亦极普及，如各氏族祠堂多订有敬老养老之办法（见前节），而民众对于长辈之敬重，子女之对于亲长之孝道，更视为天经地义，实行唯谨。

（二）晚近之养老。我国养老之礼，晚近已多废弛。但在以家族为中心之社会中，一般老年多仍由家庭或亲属供养，其少数贫苦无依之老年人或孤老，亦有地方公私慈善团体收容。但尚无令人满意之办法，例如成都市救济院之老废所，据云可收容无力自给之残废老人约五十人，地点为寺庙，其办法则为该老年人等之衣食悉由所中供给，而加以管理。管理方式为：(1) 无故不得外出；(2) 如有特别事故出外，须向管理员请假，时间不得超过二小时，但有生活技能经特许出外经营者，不在此限；(3) 禁止外出乞讨；(4) 注重清洁卫生；(5) 禁止高声闹嚷叫骂斗殴；(6) 违反者分别轻重予以处分等。查以上办法可以代表目前一般之旧式老人院，办法简单，态度消极，距科学的及理想的老人院标准尚为辽远。

(三) 我国目前养老可能的办法及前瞻。内审我国之社会条件，环顾各国科学之进步，在可能之范围内对于老年赡养究应如何办理及改进，此在最后不得不加以研讨者也。研讨之程序，将首论实施之原则，以次论实施之标准，实施之方法，实施之步骤，以及实施之组织人才及经费。

(1) 老年赡养实施之原则。关于实施之原则似有以下数点可资根据。(甲) 敬老为我国固有之美德，应发扬而光大之。——各国立国皆有其特有之文化及精神，以奠定其基础。我国社会伦理，向以看重纵的关系为其特点之一，所谓“孝道”，“敬老”，即表现于行为之具体方式。老年人多数曾饱经世变，富于阅历，故“老”实象征人类智慧之累积，老年人并负有文化传递之使命，老之可贵在此，不特发自儿女私情，宜加敬爱而已也。故敬老实为我国固有之美德，宜发扬而光大之，并且轻而易举也。（乙）老年赡养制度之确立，应适合国情融洽习俗，而与其他社会制度相吻合。——养老制度仅为诸种社会制度之一，如独标新异，而与国情习俗扞格不入，则亦难期其成功，惟能配合其他社会制度或悬殊不致过远，方易收实效。（丙）老年赡养，应以保持正常之家庭生活为上策，如不得已而采用机关救济方式，亦宜尽量使其设施家庭化。（丁）老年赡养应酌采法治及新兴之科学方法为实施张本。——我国往昔之老年赡养虽不乏良规，然多凭主观见解而赖“人治”，以致常发生“人存政举，人亡政息”之现象，对于养老事业之进展，妨碍殊多。如能提倡法治，以及将用科学方法，稍予矫正，于事业之发展至有裨益。

(2) 老年赡养实施之步骤，如加以区分可有以下数点。（甲）调查与研究。——任何工作，如欲进行顺利，应有事实为根据，方易实现。故对于养老首宜调查我国老年失养之数量及状况，次宜调查我国养老之机关以便发现我国老年赡养问题症结之所在，加以分析，寻求其间之因果关系，参考我国旧有之良规，他国优良之办法，以求此问题之解决。（乙）制定养老立法。——法律为最严整之行为标准，如欲推行全国，使各地有所适从，则应博采众议，制定条例，以为“天下法”，普通可以订定者为《老年安全法案》，或《老年赡养条例》，其中应规定：对象及其资格，如年龄在六十以上，财产之不足以自存，亲属之缺乏，住居证、公民资格、无犯罪行为等证明；(二) 赡养方式及方法，如院外协助，机关留养，协助之款项数量；(三) 行政系统；(四) 经费之来源等。(丙) 推展工作。——如行政机构及设施之成立，院外协助之办理，留养机关之取缔、改善或设立，人才之训练，以及经费之筹措与确定等，均须一一实导。(丁) 进行督导。——工作推展以后究竟是否行之有效，是否合乎标准，均须随时一一督察其情况。其办理成绩优良者，应如何予以奖励；其办理不力或成绩欠佳者，应如何加以督促及指导，以求改善。

(3) 老年赡养实施之方式及方法。(甲) 方式——以尽量采用援外协助之方式为立体，不足则济之以院内留养。其故有二：其一，因我国社会基础仍系建于农村经济及家族组织之上，民众对于孝亲敬老之伦理观念，大部尚能保持，故一般老年人皆能投合于广大之农村人口中之各家族或家庭间，而不感觉有十分严重之困难存在；其二，老年人在农村家庭中虽因体力衰弱不能担任繁重工作，但仍可随时担任轻微之家庭工作，如看家照应儿童及副业如纺纱、养鸡、种菜、协助烹饪等家事，尚能投合无间，无容他人越俎代庖。如因家庭或子女担负不起，政府可用适当方式，或稍稍予以经济上之协助，使仍能保持原有家庭之生活，是最高明最经济之办法，且事属两利，因老年人及公家均有裨益也。院内留养为不得已而用之一法，但机关之设置应仍以能保持家庭式之精神及设施为上策。大城市之大公寓，在将来人口都市化及产业工业化之日或有采用之可能，但在今日之农村社会中仍以采用小规模及家庭式之乡镇老人园或老人院为宜。老年人多喜安静，又多来自田间，自宜留于乡村之日光空气中生活，或种园艺或作轻工，以作以息。如老年人体力尚可，亦可采用西人之“老年人新职业之再训制”，就其所能，予以训练，使其在可能范围内仍有生产收入之可能，至于管理则因人数不多，可以训练一小集体之生活，自治自养，而主持者仅加以指导及监督，使各安其业，各遂其生，实事半而功倍。至于前节所言之合作式老人俱乐部，则须俟人民教育程度稍高时亦可试办。院内方式亦应采用分类制，即病者、神经病者、传染病者等老年人应予以分别安置，以免发生传染或危险等不良情事。

（乙）方法——老年之困难，主要者为“贫”及“病”，如加以协助势必从经济方面有所筹划。在我国比较易行者，愚意以为约有三种办法。其一为“老年储蓄部”之设立，或附设于地方农民银行，或另为组织，使人民得早日储存其收入之一小部分，妥为保管，照银行复利办法，或代为谋资金之增益，使其于退休之年，得有养老之资。此种办法当较平日一般老年人之窖藏或组织之“老人合会”更为健全而有利。其二为酌采用我国古代养老之遗意及西洋之“养老金”

办法(见前),由政府或救济机关筹划给予,总以不发生流弊为要。其三为推广“老年保险”办法,即人民在任何机关服役而有薪资者均应鼓励其加入“老年保险”。一旦年老不能生产时,则仍可从以上各种途径中获得收入以自养也。

以上各办法如能参酌实际情形善为利用则不但老有所终,而且老有所用,及老有所养也。

(4) 老年赡养实施之组织。老年赡养事业之执行,在地方应为乡镇公所。此为基层之组织,单位过小或太大,恐均无力,或不办理。在县应为社会科及其救济院之职务,在省为社会处,在中央为社会部,或其他主管机关。各级除行政长官外,应有类似评议会之委员会存在,任设计辅导等职责,执行时应任用曾受专门训练之人才,会计当然亦须独立。

(5) 老年赡养实施之人才。老年赡养之人才可分为数级。(甲) 高级专门人才,应为受高级专门训练及富有经验者,其工作为计划督导及训练低级人才之用。此类人才应在大学毕业后,国内外之专门训练及观摩三至四年以上,方可担任。(乙) 专门人才应为在大学或专科受三年以上之训练及实习者,担任省以下执行之技术及督导人才。(丙) 普通干部人才应为中学毕业后有一年至二年之专门训练及实习或已担任此类工作再予以调训一年者。以上各类人才所需之数量,须视事业开展之状况及范围而定,至于医药人才，办理养老金及老年保险人才，尚未计入。

(6) 老年赡养实施之经费。此类经费甚为浩繁，应从多方面筹措，如：(甲) 利用各地之寺庙房舍；(乙) 拨用各地地方公产田地之一部，以其收入供给养老之用；(丙) 地方政府补助，列入预算；(丁) 省方之比额的补助，列入预算；(戊) 各慈善团体之捐助；(已) 各任用机关之养老金；(庚) 老年人储蓄及利息之自行添补；(辛) 老年人尚能工作者之收入等。

总之，老年赡养之实施，应内审国情，外采他国之长，实事求是以□之，始易有所成就也。

注释

注一　I. M. Rubinow: The Care of the Aged.

注二　Bliss: Encyclopedia of Social Reform.

注三　参阅 Social Work Year Book, 1941.

注四　I. M. Rubinow: The Care of the Aged; Social Work Year Book, 1941.

注五　参看附录一纽约州之"老年协助"办法。

注六　参阅 Social Work Year Book, 1941.

注七　参阅 Bliss: New Encyclopedia of Reform.

注八　参阅 C. B. Cosgrove: Institutional Care of the Aged. 载于

Rubinow：The Care of the Aged.

注九　参阅 National Conference of Social Work，1939（Columbia），pp. 394 - 400.

注十　以上参阅《礼记》之内则篇，《马氏文献通考》卷四十五，及《太平御览》三八三卷。

第六章　儿童救济

第一节　儿童发展之阶段

在讨论儿童救济前，首拟将儿童加以分类。分类的方法，拟在纵的方面，按儿童发展之阶段加以分类；在横的方面，按儿童的性质分成几个种类。前者为纵断或垂直的分法，后者为横断或横行的方法。

儿童发展之阶段，如从心理着眼，其分类如下（注一）：

（一）产前时期（The Prenatal Period）——在脱离母胎以前。

（二）产后时期（The Postnatal Period）——自出生以至身体直立时止。约十二至十五个月。

（三）儿童前期（The Early Childhood）——自十五个月至六

岁时止。

（四）儿童中期（The Middle Childhood）——自六岁至十岁时止。

（五）儿童后期（The Late Childhood）——自十岁至发生或青春期（在欧美男孩在十四岁，女孩在十二岁）。

（六）青年期（Adolescence）——自十二或十四岁至身体停止生长时，或二十一岁止。

又如从教育着眼，可以桑戴克（Thorndike）之分段法为例（注二）：

（一）幼稚期（Infancy）——由诞生至一岁左右，所表现的心理生活阶段或与下等动物的心理生活相当。

（二）婴儿时期（Babyhood）——从一岁左右至五岁左右，在此时期中一般的人类机能，逐渐出现。

（三）成童时期（Childhood）——从五岁至十二岁左右，在此时期中儿童已能满足其自己的物质需要，不再像第一二两期需要照顾。

（四）过渡时期（Transition）——从十二岁至十四岁左右，心理及身体组织，或许均有急剧的变化。

（五）青年前期（Early Adolescence）——从十四岁至十八岁左右。

（六）青年后期(Late Adolescence)——从十八岁至二十五岁左右。

亦有人简单地分为：（一）胎儿（至母腹胎儿），（二）婴儿（初生至二足岁），（三）幼儿（自三岁至六足岁），（四）儿童（自六岁至十四岁或十六岁亦可）。儿童在最初是极柔弱，一切需要照顾，及年龄渐长，所需他人之照顾逐渐减低，直至成童及十六岁以后，方趋于自立。普通以十六岁以下之儿童为救济对象，即由此故。

第二节　儿童的种类及问题

在横断方面如按性质分，可分为：（一）一般儿童，（二）特殊儿童二种。所谓一般儿童，亦可谓为常态儿童，是即生长于正常家庭中者，有父母之保育教养，有适宜之环境培植，是不但有父母而父母且有能力加以养育也。在儿童本身，其生理及心理方面有正常之发展，此种儿童自不在“儿童救济”之范围内。

其次为特殊儿童，亦即为有困难有问题或非常态之儿童。在家庭、环境及本身方面，均有弱点，如不加以注意协助或纠正，非趋于死亡，即变为社会蠹虫，遗祸社会。此种儿童如加以分类，则有：(1) 失依儿童，(2) 失养儿童，(3) 失教儿童，(4) 流浪儿童，(5) 非婚生儿童，(6) 解组家庭之儿童，(7) 残废儿童，(8) 低能儿童，

(9) 精神病儿童,(10) 过失儿童,(11) 劳动儿童,(12) 被拐卖之儿童等。此类儿童多数为应予救济之对象。

(1) 失依儿童。此类儿童系因父母丧亡,或父与母之中伤亡其一之孤子或哀子,因而失去所依凭者之孤儿。除有至亲或未亡一亲之照顾者外,多极为可怜,需要救济。我国古书亦云:"无父何怙,无母何恃。"幼失怙恃,为人生惨剧之一幕,故月令著存孤之训,圣王垂养幼之规,刊在礼经,施为仁政,即此故也。

(2) 失养之儿童。或则父母俱存,只以穷困失业,无力养活,结果或弃置之不顾,任其死亡,甚或灭绝天伦,予以溺毙。否则亦营养不足,濒于夭亡。若遇天灾,其情更惨。古人形容此幕惨剧有云:"自运会不齐,小旱交作,室家莫保,骨肉鲜存,当万不得已之时,作无可如何之计,则有草间弃子,慈母吞暗夜之声,乳下遗孙,婴儿续中路之哭,情凄苦其谁诉,状呜咽以无言,三尺茕茕,孤将焉托?零丁孑孑,穷无所归,谁与弃者,独非情乎!"此古今中外之仁人君子,所以动恻隐之心,而予以救济者也。

(3) 失教儿童。亦有家庭完整,生活亦可敷衍,但以父或母不知教育,或不善教育,或不能教育,或环境不良,终致子女有养无教,养成不良习性,大之遗害社会,小之遗患[①]本身。如不予以教

① "遗害""遗患"现写作"贻害""贻患"。

育之机会，养之实足以害之也。

（4）流浪儿童。失依失养或失教之儿童，穷无所归之际，其中不乏有[1]顽劣者，如遇引诱或恶劣伴侣之伙同，度流荡及乞丐之生活，以致变成游惰之民，而以行乞生活为乐，变为国家之废物，而作奸犯科之辈亦不乏由此辈演变而成者。

（5）非婚儿童或私生子。往昔私生子在法律上无地位，晚近虽有所改进，但以有违一般所谓善良的风俗。普通对于男女之结合，如未经过社会公认之婚姻制度，多持鄙视之态度。男女双方亲属，自亦难免轻视，以致为母者多有不得不忍心弃置，为父者亦为颜面计，甚至有掉头不顾者，孺子何辜，遭此不幸！设不予以救济，何以存活？

（6）解组家庭之儿童。如家庭因夫妇不和而离异，或丈夫一去不归，妻遭遗弃，其有子女者将何以处？除富有之妻子外，如妻方不忍舍弃子女，又不能不另谋生活，当其不能两全时，势非有所协助，则子女不能存活。

（7）残废儿童。儿童不幸而有残疾，如盲哑聋或四肢残缺情形，其一生幸福即随之而丧失，须终身依赖他人而为生。富裕之家，或不至于发生问题。但家境不佳者，则将来求生乏术，必将感冻馁之威胁而有流为饿莩之虑。然而残废儿童，虽有某项官能失

① “不乏有”这一表述中“乏”与“有”语义重复。

其作用,然未必即为弃材。如加以特殊训练,虽盲或聋哑儿童亦可担任各种工作,如音乐师或其他手工艺等。惟此种特殊训练之人才及教育费用,非普通人家所能担负,则惟有赖公家之救济耳。

(8) 低能儿童。查一般过失儿童、犯罪儿童,以及不能自立生活之儿童等,多系低能儿,自需加以特殊训练,或能稍稍化无用为有用,此亦有赖公立机关之加以救济。

(9) 精神病儿童。尚有儿童之有精神病者,或为白痴①,或为疯痫②,更为不幸,其需要之救济较前者为尤甚。

(10) 过失儿童。儿童在发育期中,情绪之发展,行为之表现,常未能健全稳定,易发生轨外行动,其甚焉者,常发生干犯法纪之行为。据调查,美国每年受法律审判之儿童,常在二十万人以上,未诉诸法律者,尚未计算在内。在我国或其他国家,情形当亦相若。实则好多儿童实不知犯罪为何物,如照往者处置过犯儿童办法与成年犯视同一律,实属不当,故除对于儿童犯罪之预防应特加注意外,对于已犯过失之儿童,不应仅以用消极之法律制裁为已足,而应有积极之矫正,或教养办法,使其恢复常态,而成为健全之公民。

(11) 劳动儿童。儿童在发育期中,应另其循正常之程序,作

① “精神病”“白痴”的说法在今天看来可能缺乏人文关怀,现一般用“精神障碍”“智力障碍”等词。
② 即癫痫。

自由之发展，如因贫困关系，须出卖劳力以谋生，戕贼其个性，使其身心之发育，受其桎梏，以至于凋伤，实属残忍，故开明社会，常思有以救济之。

(12) 被拐卖之儿童。各国社会中尚有黑暗之人口贩卖或拐卖人口者，儿童幼小易受奸人之捉弄，被拐后或出卖为婢，为奴，为雏妓，为卖技者，视同货财、家畜或玩物，以遂其役使或营利之目的，虐待凌辱，摧残备至。谁非人子，遭此不幸！拯之水火之中，在社会实属责无旁贷。

应予救济之儿童当然不止于以上十二类，而本章则以篇幅关系，对于各类儿童之救济，虽均稍稍提及，而对于失依失养失教之儿童特加注意，而保留残废低能精神病及劳动儿童等，至后数章再行讨论。

第三节　儿童何以需要救济

儿童何以需要救济，可以从两方面说。其一为社会何以需要救济儿童？其二为儿童何以需要社会救济？

(一) 社会需要救济儿童之理由有三。(1) 儿童为民族之幼苗，为国家未来之主人翁，为社会生命之延续者，其生死祸福影响于未来之社会生存及国家兴盛至大，故对于儿童之维护，社会应负其责。(2) 人类生存之道,社会维系之力,爱力与同情实为其主要者。如能发挥而光大之,则社会未有不昌隆者。儿童无邪,天真可喜,且为吾辈人生所经历之第一阶段,此而不能感动爱力,吸引同情,以趋于合作与互助,则人类之前途实属可忧。(3) 儿童之不幸,虽直接由于父母之关系或家庭环境之不良,而间接造成者,实有其整个社会经济政治法律之原因存乎其间,所谓解铃系铃仍应由社会负责予以解脱也。例如家庭之不和,由于家庭之贫困,家庭之贫困或由于家主之失业,家主之失业,则由于产业制度或经济制度之未臻合理。其他若父母之教育不良,婚姻制度之矛盾等,均为整个社会关系之失调或不合理所酿成,而今日之种种不幸,相激相荡,适汇粹[①]于某一家庭,而此家庭之牺牲者,适为此无辜之儿童,亦太冤苦矣!故吾人予以救济,实有义不容辞之处。

(二) 儿童何以需要社会救济之理由有二。(1) 儿童为民族之根本,国家之元气,相对的即儿童在遇有困难时,有要求社会救济,以维人权之权利。(2) 儿童为社会之弱者,当其为婴儿时,一切不能自立,需要人照顾,舍此不能生存。及稍长其智力及体力仍远不如常人,设非公家予以协助或救济,未有不遭挫折以至于夭亡者,故儿童之需要营养协助或救济,实为不可避免者。

① 现一般写作"荟萃"。

第四节　儿童所需要的救济

儿童所需要之救济：（一）善生，（二）善养，（三）善教，（四）善保，以及（五）正常之家庭生活或家庭之爱。

（一）善生。儿童即已由父母赋予生命，其第一步之需要即为安全而顺利之生育。在普通情形下，有不少婴儿因为母者无适当之环境照料及便利，而发生母子生命之危险，尤以婴儿夭折者为多。当婴儿入世之日，即与世长辞，实属可悯。或则接生欠妥，致使婴儿肢体或头部受损伤之打击，儿童发育必受妨碍，影响儿童之前途亦巨，故善生实为儿童享受人权之初步条件。

（二）善养。儿童即已出生，即应有常态的发育与健全的身体，因此儿童健康之需要，实高于一切。如欲完成此种使命，对于儿童必须予以良好之养育，方克有济。因儿童营养不足，常易生疾病，以至于夭亡。万一幸存，亦难获健全之体格，因而影响智力之发展，前途之成就。故儿童实需要充分之营养、衣著[①]、住所等，亦应合乎卫生条件。如家庭无人或无力应付，公家应有以救济之。

（三）善教。儿童有养而无教，亦难望其成人，有益于人群。

① 现一般写作“衣着”。

正当之游戏和活动，智识技能之训练，均为所需。如习性恶劣，行为不端，未予纠正，则成年之日，定有损于社会。或则幼年失教，未受职业及应世之训练，则将来谋生乏术，实增加社会上之寄生虫。故善教不只为儿童所需，亦社会之责任也。

（四）善保。儿童即系弱者，对于各方面之妨碍其利益之举动，自无法予以对抗，而有赖于社会之救济。例如不良之家庭，或酗酒残暴之父母对于儿童之虐待，社会各方面有害于儿童身心之不良制度，如工厂之童工，及商店学徒制，奴隶制度等，社会恶习之引诱，如奸淫苟盗，以及拐骗之徒之残害等，绝非柔驯如羔羊之幼稚儿童所能应付，势必有赖于社会之救济以卫护之，而主张社会正义扶持弱小，亦有其道义上之责任也。

（五）正常之家庭生活或家庭之爱。儿童所需要者，除善生、善养及善教、善保外，最后亦最重要者，厥为正常之家庭生活。据各种调查，凡家庭不和，父母离异或死亡，以及家庭生活不安定或经济不足者，其儿童之死亡率与行为乖张或心理上发生变态[①]者之数量，恒超过长育于正常家庭之儿童。因儿童之长育，不但需要物质上设施，而尤其需要精神上之陶冶。如儿童得在父母及其他亲属热烈之爱力中长成，虽家计稍寒，仍系无上之幸福，而有促成

① 这一说法在今天看来可能缺乏人文关怀，或改为“异常”更为恰当。

其正常发展之可能。否则物质条件虽备，而缺乏缠绵之爱，则儿童心灵上仍易感受凋伤与空乏，影响其生活之处必多，殊为憾事也。

以上均儿童所需要之主要的条件，而其他次要者不与焉。

第五节　欧美对于儿童救济之办法

欧美各国多已臻富强之境，社会事业均甚发达，儿童福利（包括救济）尤为注意。细考其制度，如以美国为例，约有三种方式，十步办法。

（一）方式。美国之儿童救济约有三种。（1）家庭式。儿童长育之所，实以其本人之正常家庭环境为最合乎理想。如万一因经济困难不易养活，可由政府或慈善机关予以辅助，使其仍能保持原有之自然家庭生活。现采取者有所谓“儿童恤金”给予其母，或其他亲属之为保护人者（但大多数仍为儿童之母），现改为母亲协助金（Mother's Aid），使其对于儿童有教养之能力。但无家庭或无适宜之家庭者，亦得置于保育家庭或寄养家庭中养育之。（2）机关式。其因无父母之抚养（如死亡、离异、遗弃等），或家庭不适于养育者，得置儿童于机关中，而加以生育教养。例如：（a）未婚母之产蓐所（收容未婚母及其私生子）；（b）寄养家庭（Foster Home），使无正常家庭予以养育之儿童，得一相当于家庭之寄养所;(c) 保育家庭(Cottage Plan);(d) 保育院或儿童教养所,教养一般贫苦无依之儿童;(e) 托儿所;(f) 低能儿童教养院,专收低能儿童,加以特殊训练;(g) 盲哑儿童院或残疾儿童教养院,专收残废儿童,加以特殊训练;(h) 儿童诊疗所及病院,为治疗儿童及有各种重要疾病者而设;(i) 儿童反审院,及儿童法庭,为纠正行为不当之儿童而设;(j) 儿童工作家庭或习艺所,为训练儿童工作技能,及取得报酬自立生活之所等。(3) 其他辅助方式有:日间或白天之托儿所;儿童寄膳所;家庭保姆制。均为家庭不完整(如家主丧亡,主妇有病或外出工作),而儿童则除尚能享受一部分家庭生活外,有一部分时间仍需他人照料,故有上述数机关及其类似之机关或制度,以调剂之。

(二) 办法。如以美国较完全之制度为例,约有十个步骤及办法:(1) 凡儿童之不能享受正常家庭生活者,使有陈述或听取之机会。(2) 对于该儿童,利用社会工作者、医生、心理学家、精神病学家、养母及其朋友之科学技术及经验,以明瞭[①]其困难或问题之所在;(3) 予以物质上必需的救济,给予之地点,可在儿童之家庭中,或则必须迁移时,亦可在其他所在之处给予之;(4) 尽量调整及改善该儿童之家庭关系及生活,以便儿童在可能范围内不至于离开

① 即“明了”。

家庭；(5) 如该儿童之家庭不甚适宜，则送该儿童寄养于经过审慎选择之合格的保育家庭或寄养家庭；(6) 设置儿童之救济机关，或作临时收容及研究之所，或则如系必需则作长期留寄养之所；(7) 过失儿童或行为不检之儿童，可置于工艺学校，加以特殊之训练；(8) 须常派人(如社会工作者)以知友之资格，视察该儿童留养之环境，并得随时予以改善之提示；(9) 如遇儿童之既无父母又乏亲属之照料，而又系能力优秀，情绪正常，需要长期家庭生活之培养者，得设法觅取夫妇需要过继儿女之家庭，得经过法律程序送往为继子；(10) 作儿童法律上监护人，使其逐步完成其教育，以至于为成年之公民为止。

(三) 以上各种方式及办法互有利弊，然截长补短，亦自适用。例如一般人皆主张儿童救济应以保持其正常家庭生活为前提，极有见地；而主张不废除机关救济者亦大有人在。例如，主张机关救济者，深觉得有利之方面为儿童如由机关养育，可以遵照机关之标准，而且一日二十四小时均能顾及之，其健康教育及各种训练可以加以控制，并得适应集团之生活；如该儿童尚有一亲存在，则将来亲子之关系，仍易恢复。此其优于寄养家庭或保育家庭之处。其不满意于机关救济者，则谓集团养育，无论在身体方面或社会关系方面，皆不及私人之加意养育来得自然而有成效，囿于机关之环境，儿童不易与社会其他各方面有所接触，失去不少经验；在经费方面，机关救济如能设施周到，费用甚大，不及保育家庭之简易，及富有弹性，而且保育家庭实距一般正常之家庭生活不远，自较有利于儿童之发展。目前美国保育之儿童，约二十四万余人，受机关救济者约有十四万余人，占全体百分之五十八，足见机关救济之普遍。但晚近之情势则机关与保育家庭有趋于分工合作之势，即机关之养育多为临时或短期性质，且多偏重于专门性之服务工作，儿童困难之诊断，特种儿童之训练，以及对于行将送往保育家庭之儿童作一短期训练，使其加入保育家庭，易于调适（注三）。

（四）美国之儿童局。美国政府因注意儿童福利，首设儿童局专司其事，实开世界各国之先河。美国之儿童局，成立于 1912 年，距今已三十年，其机构内容，如按四大功用或职责分，可分为以下各科股（注四）：（1）调查。下设（甲）儿童发展研究科，（乙）儿童职业科，（丙）社会服务科，（丁）犯罪儿童科，（戊）统计研究科。以上各科之工作，注意事实之调查及研究，以为工作之方针。（2）报告。下设编纂科及通讯股，职掌编制调查研究之所得，并即行报告，赠送社会上需要之各方面人士。（3）行政。下设（甲）母亲及儿童健康科，（乙）残废儿童科，（丙）公共卫生看护队，（丁）儿童福利科，办理各项有关儿童幸福之事工。（4）咨询。以上各科股对于政府及社会上各方面之咨询，皆划出一部分时间，专负指导或报告之责。

（五）此外美国中央政府对于各州政府之给予“儿童恤金”者皆作比例的津贴。而法国之津贴大家庭（有三个儿女以上者，可以请求），均为政府重视儿童之生养教保之佐证。

第六节　我国之儿童救济

（一）我国古代之儿童救济。《周礼》保息之政六，首列“慈幼（注：爱幼少也）”，“幼吾幼，以及人之幼”。乃王者推恩之大者，历代慈幼之政，史不绝书。例如：

（1）奖励善生。越王勾践令国中将免者（免，即分娩也），公令医守之，生丈夫，二壶酒，一犬；生女子，二壶酒，一豚；生三人，公与之母；生二人，公与之饩。汉章帝二年，春正月诏曰：人有产子者复，勿算三岁，令诸怀妊者赐胎谷，人三斛，复其夫，勿算一岁。著以为令。

（2）奖励善养。汉高祖七年，民产子，复，勿事（复，免也；勿事，不役使也）。先武帝建武中，产子者复以三年之算（每岁人赋钱一百二十为一算）。是变象[①]的给予“父母协助金”，或“儿童恤金”，以鼓励善教善育儿童也。又唐文宗太和六年，诏曰：“天下有家长大者皆死，所余孩稚十二至襁褓者，不能自活，必至夭伤，长吏

① 现一般写作“变相”。

勒其近亲收养，仍官中给两月粮。”宋刘彝所至多善政，其知虔州也，会江西饥歉，民多弃子于道上，彝扬榜通衢，召人收养，日给广惠仓米二升，每月一次抱至官中看视；又推行于县镇，细民利二升之给，皆为之养，故一境生子无夭阏者。又《宋史》载：“王宥知蕲州，岁凶，人散，委婴孩而去者相属于道；宥令吏收取，计口给谷，俾营妇均养之，每旬阅视，所活甚众。”所谓近亲收养，召人收养之办法，实与近代“寄养家庭”(Foster Home)相近，所差者或为更科学之方法耳。营妇均养，亦似晚近之“养母”制，所差者或为训练耳。又《宋史》载：“黄震恺举常平仓，初常平有慈幼局，为贫而弃子者设。”此“机关救济”之办法也。

(3) 注意善保。汉贾彪为新息长，小民贫困多不养子，彪科条宽其徭役，所治数千人。其他如虞永文以荻场之利代民输身丁钱，俾民不弃子杀子。俞仲宽召父老置醪醴酌而侑之，使归劝其乡人无杀子，此取缔杀婴以保儿童之生命也。此魏文成帝和平四年，诏曰：“前以民遭饥寒，不自存济，有卖鬻男女者，尽仰还其家或因缘势力，或私行请托，共相通容，不时检校，令良家子息仍为奴婢，令仰精究，不听取赎，有犯加罪，若仍不检还，听其父兄上诉，以掠人论。”此禁止贩卖儿童也。唐太宗贞观二年，山东旱，遣使赈恤饥民，鬻子者，出金宝赎还之。此政府使儿童得返其父母之家庭以享受正常之保育而全骨肉也。又宋叶梦得守许昌，值大水，流殍满道,公尽发常平仓所储者赈之,全活者数万人,独有遗弃小儿,无由得救,公询之左右曰:“无子者何不收养?”曰:“人固所愿,但患丰年,长,即来认去耳。”公即立法,凡灾伤弃儿,父母不得复认,遂作空券,即给发于里社,凡得儿者,明书于券,以付之。计救小儿共三千八百余人。此系经立法手续确认过继也。

总之我国古代对儿童救济亦不乏良规,如能加以改善,适应新环境,亦有其贡献也。

（二）我国晚近之儿童救济。我国晚近之儿童救济,约有以下数方面:私人团体举办者,旧式的如各县地方性之育婴堂,以及近于新式的,如北平之香山慈幼院等;政府举办者,平时的有儿童教养所,现改名为救济院之育幼所,以及天灾发生时之难童收容所,(如振济委员会之难童教养),战时儿童保育会之保育院。自社会部成立后,接受赈委会之婴儿保育所,加以扩充,复在重庆扩充及成立育幼院,收容孤苦儿童或收容被灾孤苦无依之流浪儿童,教养兼施。此外尚创办有儿童营,教训十二岁以上之特殊儿童,或不良儿童。

(1) 育婴堂。目前各县育婴堂多已改组,然城市间及乡僻之区,或仍不乏有存在者。是项组织多为地方公款筹办,或为乐善好施之士绅捐资。捐资者,政府多予以匾额,或立坊,以昭激劝。并常置财产,如田地房屋,以作基金。推出公正士绅领导进行,选定公共房舍作为堂址,拟定详细章则,立案后开堂。其所定章程有极其详备者，凡关于组织系统，职员之职掌，会计之制度，接收婴孩之条件，哺乳之方法，衣物之分配，堂内生活之管理，疾病之医治，以及稍长时（至六七岁）之教育，均极完备周到。可见先贤之苦心孤诣，仍有可以供令人效法之处。试一阅四川垫江育婴堂所订之二十八条章程，当可证实吾言也（注五）。

（2）儿童教养所或救济院之育幼所。关于地方政府举办之儿童救济机关，可以成都市政府办理者以例其余。成都市政府为救济丐童及流浪儿童起见，于民国二十六年择定与东门城隍庙，设立第一游民教养所，专收贫苦之流浪儿童。其办法之大旨，据该市政府报告，有改良给养，注重教导，而使无业之流浪儿童能改恶向善，获一自立谋生之技能与机会。平时有普通教学及军训，教课之外，并授予技艺，如卷烟、捻纸、毛织、草履、石印、竹器制造等手艺；生产所得，则呈归市府，以充膳食。并对于工作者稍予赏金，以示鼓励。其他尚有派任卖报及贩卖等工作者（注六）。

在目前环境中，欲政府实现理想的育幼所，自属不易；但其中不乏应予深切注意之点。成都情形当然可以代表其他各处，例如金女大孔实定君研究该所之结果，发现有以下数点应予改进：

（1）心理方面。儿童情绪多受压制，见师长人员敬而畏之，俯首不敢望，态度沉默，少有笑容。虽有伴侣，但所中团体生活，彼等似甚无兴趣。或因思念父母，多含泪欲哭，其心灵上所受之创伤必多。

(2) 健康方面。儿童衣衫褴褛，单薄不足，御寒件数过少，洗换不敷。营养一项，更属缺乏。其体格几乎无一健全者，且多疾病，遍体疮疥，而所中又无医药之设备，亦无合宜之娱乐或消遣，故其精神消沉，毫无朝气。

(3) 工作方面。多技术幼稚，动作机械，即不足以唤起儿童之兴趣，反足以埋没其想象与创造力。其他良莠不齐，置于一处，未加分类，各别安置。至于组织，徒重形式，工作效能不高，无专门人才之指导。经费之不充足，亦与其他之机关相同。以上各项通病应有改进也。

其他尚有保育院、儿童营，或系应付紧急局面，或系在创办期间，成效容拭目以待。

(三) 我国儿童救济事业之可能的改进。儿童救济本为社会救济之一部分，而社会救济之著效，实有赖于整个社会制度之改善。如人民之一般生活水准低落，局部的救济儿童，实有不胜救济之苦，然而能获局部的解决，亦有助于整个问题之解决也。兹再申述我国儿童救济应采取之途径如下。

(1) 儿童救济之设施原则。(甲) 慈幼为我国固有之美德，应发扬而光大之；敬老与慈幼在我国文化中本系一贯，其有裨益于我国民族前途之繁荣滋长，关系至为重大。我国既具有此美德，发扬而光大之，当较易为也。(乙) 儿童救济制度之确立应适合国情，融洽习俗，而与其他社会制度相扣合。(丙) 儿童救济应保持正常之家庭生活，或类似家庭生活之方式。(丁) 儿童救济应采用科学方法。(戊) 儿童救济应以标本兼施，预防与救济并重为方针。(己) 儿童救济应配合各种专门人才以实施之(如社会工作者、医生、心理学家、社会学家、教育学家、精神病学家及技术人才等)。

(2) 儿童救济设施及步骤。(甲) 调查与研究——办法同前章。(乙) 制定儿童救济之法规，如"儿童恤金""童工法"，取缔贩卖人口(儿童)法等。(丙) 设立专管机构，如儿童局，以推展工作——办法同前章。(丁) 咨询与督导：一方面供给各方面所需之资料，一方面随时督导，以策进步。

(3) 儿童救济实施之方式及方法。(甲) 院外救济：旨在使儿童在可能范围内尽量的留于原来之家庭中，不使分散，保持其正常之家庭生活。审查各别的需要，而予以救济。救济之给予，可采"儿童恤金""母亲协助金"等办法，即凡十分贫苦之儿童，经调查属实后，可津贴其母或其他监护人。惟我国贫苦民众极多，儿童约在一万万左右，如其中之半数以上需要津贴，恐有不胜担负之苦，故宜改变为医药救济，即多设儿童诊疗所，予贫苦儿童以需要的医药，收效定有可观；或则提倡贫儿之营养，恤金得改变为赠送儿童营养品，如豆代乳粉及其他必需物品。(乙) 院内救济：如儿童失依失养，无所归宿，获有特殊困难如精神病，行为乖张，非婚生子，不能留居于家庭，不得已时亦只得作院内或机关式之救济。其中应注意者，首为应分类分等安置，如正常之儿童与特殊儿童，应加以区分。重要的机关，约有下数种。(a) 过继家庭，即需要子女之家庭，得经法律程序许其认养，此在我国已有行之者矣。只须加以调整即可。(b) 寄养家庭，即选择近亲或具有与原来相仿之家庭养父养母，使其在某种适当的条件下，留养此类儿童。(c) 保育家庭，此系介乎寄养家庭与保育院或育幼所之间的机构，即将多数儿童分成较小单位，每一单位约配合大小不同十二三人左右，即可成一大家庭型之组织。家庭中由义母或养母一人主持(如有义父或养父更好，同时彼可任其他职务)。儿童则按其年龄及需要分配适当之职务，及分别予以适当之教养，及职业训练与介绍，如为农为工等。平时由社会工作员协助及指导其义母，受养之儿童应予以扶持，至能在社会上自立谋生之日为止。此系美国较新之办法，如何适用于我国社会，尚需研究其适应之方式也。(d) 保育院或育幼所，为大规模之机关留养，在目前似仍为一种需要，如能组织健全，任用专门人才及使用科学的管理方法，亦为一重要之设施也。此外疾病儿童、残废儿童、犯罪儿童、低能儿童等，均应有特别设置之各种机关以安置之。

(4) 儿童救济实施之组织，及人才均可参照老年赡养之办法办理之。如详为指明,则:(甲)在中央方面,在社会部内,设儿童专司或儿童局,办理儿童福利及儿童救济,其任务应着重研究与立法,规划办法,指导工作,任免人员;(乙)在省或直辖市方面,在社科处(科),设立儿童分局,或儿童科(股),其任务着重拟定立法,及计划实施之细则、实验、督导及任免地方行政人员等;(丙)在县(市)方面,在社会科(股)之救济院下,设育幼所,实际办理儿童救济工作;(丁)在乡镇(地方政治之单位),可设置儿童站及儿童工作员,主持儿童福利及救济;(戊)此外尚可组织儿童福利会、幼儿园、儿童团等协助工作。

(5)经费。筹措经费办法甚多,如:(甲)中央确定之补助;(乙)地方增筹经费;(丙)举办联合募捐;(丁)奖励个别捐款,与仿地方造产兴学办法,实行造产救济;(戊)提倡企业界指定红利之一部分,作为捐资等。

总之,儿童救济工作之使命,极为重要,如欲收获更大效果,要在因地因时因人因事制宜耳。

注释

注一 萧孝嵘:《儿童心理学及其应用》。

注二 参阅 H. L. Hollingworth 著,赵演译《发展心理学概论》。

注三 参阅 Social Work Year Book,1941,pp. 100 - 107.

注四　参阅美国劳工局刊印之"The children's Bureau."

注五　参阅附录二：垫江育婴堂章程。

注六　见成都市市政府二十七年工作报告。

第七章　不幸妇女之救济

第一节　不幸妇女之种类及问题

一、何为不幸妇女

自男权中心的社会实现以来，妇女地位日益沦落，痛苦日深。无怪乎历代头脑清新的妇女辄有“不幸而为女儿身”之叹息，而常自命为“薄命人”。社会上一般人士亦多视为“弱者”，奸宄残暴者流或拐骗贩卖，视同猪子，或则是养蓄喜好，视同玩物，其贫困无依之妇女更有非堕落即饿死之势，似此或为寄生虫，或为奴隶，或为玩具，失去自由，受人虐待，人生至此，生趣尽矣！故在目前之社会形态中，大多数妇女实与较普通男子为不幸。如缩小范围指出确切不幸之妇女，则凡贫困无以为生或被人虐待，因而失去普通公民所应受之自由的妇女皆可谓不幸之妇女。

二、不幸妇女之种类

根据上段界说，则我国不幸妇女中主要的类别有婢女、妾、娼妓、被遗弃者、孤孀，其他如被拐卖者及童养媳等。

（一）婢女——“婢”，“女之卑也”。有谦以自卑，如曲礼世妇以下自称“婢子”。有自卑请求，如秦穆公夫人曰：“晋君朝以入，婢子夕以死。”有抵罪者，如有罪人之父母，其子女没入为官婢，或本人有罪亦然，如说文谓“奴婢皆古之罪人”，以及缇萦上书愿入官婢，以赎父罪。其后异族人入主中国，亦常有俘虏妇女为奴婢者；至于贩卖人口为奴婢以及因贫而投身为婢者亦大有人在。此皆我国历代奴婢发生之肇因。降至近代，人民贫困日甚，因而鬻身为婢者日众，而贩卖人口之风，亦愈趋恶劣。弱女子一旦沦为婢女，除少数得遇良善之主人者外，其地位之卑劣，遭遇之不幸，实堪怜悯。

如以广东（婢女盛行之区）为例，据云：“出卖为婢者生有开身契以及生地契之异。开身者，开除本身所有权利，生死任之主人，父母不得相见，转卖为妓为妾，唯主人之命是从也。生地者，准其备价收赎，父母到访，给盘费，遣嫁为妻妾，犹通知父母也。而开身契者，大多诱拐略卖。生地契者，大多父母知情。有被债主迫挟者，有因贫谋活者，有因不落家之陋习，父母恐归宁不返之累，卖之则出嫁可免此弊，数年后可复聚也。更有所谓送帖者，书明补回姜醋乳金，以规避买卖人口之禁例，诡称育女，志在欺人，实在槽猪花，作稚头，充妾室，视其所持事业，所抱宗旨而定。如其为鸨母者，所买之育女，日则命其就读，夜则教其弹唱，年未破爪，已摇钱树，此所谓槽猪花。如其为贫鄙之辈，则以几十银元，而买数龄幼女，聊充侍婢，任意使命，等诸马牛，逾于佣雇。如其性钝，遣往他家作役，所获工资，多余买价数倍；年既及长，卖之为妾，亦博厚资。其或性黠资丽，则视为奇货可居，供其读书，使其学唱，高索身价，许为侧室，以少数之本，博多数之利，此所谓稚头妾侍，任其操纵，而以人为货者也。夫陷身河下，固百劫而不可复返，即投身于偏房，亦两世而不得平等，盖所生子女，嫡庶之分既严，所领家资，嫡庶之限有定，其地位卑微至是，则自由平权幸福已剥夺无余矣！至于遭遇，有苛待善遇及寻常看视不同，而其不得自由而一也。其寻常看待者，不得谓之虐，亦不得谓之优，买之为婢，供其使役，是其主旨，惟衣则旧陋，食则粗粝，寝则席地，役则无时，操作无乖，固意许而颜霁，服役偶舛，即呵责而严惩，虽非婆心，亦云公道。然夜眠早起已无休息之时，任重操劳，亦乏旁贷之望；不得主人欢者，则转卖他家，偶邀主人喜者，则立为偏室，此固寻常侍婢之情形也。而最可怜者，以一人之身，供数人之役，一人之巧难合数人之心，或男主善而女主恶，谁代调停？或家主懦而小主凶，央谁缓颊？虽顺承委屈，难中其心，指摘横加，无从诉苦。时而老主包之为妾，亦承意而不敢推辞，虽则少主曾强其从奸，犹忍辱而不敢泄漏。更有主人弟侄，视婢可欺，调戏也，固敢怒而不敢言，强污之亦欲却不能拒。人生若此，畜类不如矣！其不幸而遭逢主人苛待日则侍立主妇身旁，非制烟则打扇，非捶背则捧茶，足惫身劳，莫逢体恤，夜则候门不睡，专侍主人，宵宴归来，凭几含愁，谁怜婢子困顿！鱼更回跃，蝶梦频惊，天色未明，奴即起身，扫地抹掉，拭窗烹茶，浆洗备餐，固忙个不了。主人既起，即立床前，献茗奉匜，唯恐不谨，主人用餐，即侍抬侧献酒进馔，每虞不周，此犹供役之常情，亦惟怨其薄命而已。所最惨者，主人呼喝无常，婢子接应不暇，唯喏稍缓，则呵其稽迟，对答不清，则斥其含混，辛苦既无可诉，刑罚有无可逃，或绑立床柱前，不能求救，罚跪局盅盖，难说宽饶，或施藤鞭，不许啜泣，或绝粒食，仍需任劳，更有以烂布塞口，箝炽炭以烙身，沸水浇背，敲大棍而断骨，堂高帘远，外人干涉无由，苛法严刑，政府知情甚少。其或卖之于烟花寨中，则百般恐吓，官前质问，亦须自认甘为，或嫁之为老人副室，则一世含冤，父母到来，亦难自由款待，此中虐遇之情形，恐累牍连篇，亦不能描写其万一也。”（《香港禁婢会报告书》引）

故婢女制度本身，实为一不合理之制度，幸遇良善富裕之主人，尚能勉强生活。如遇普通人家，主人不善，则遭受虐待为不可逃避之命运。如遇奸宄之徒，卖良为娼，则婢女不幸而遭其毒手，将万劫不复矣。故婢女问题，首在根本上废除婢女制度，次在治标方面，救济被虐待之婢女。

（二）妾——我国婚姻制度，虽采用一夫一妻制，而妻外纳妾自古已然，例如春秋之时，天子一娶十二女，三夫人，九嫔。诸侯一娶九女，一妻八妾。卿大夫一妻二妾。士一妻一妾。其后奢侈之君，后宫竟达数千人，富民亦得蓄妾数十人。晚近耳目所及，娶妾者亦颇为普偏。

《礼记·内则》："奔则为妾。"注云："妾之言，接也。闻彼有礼，走而往焉，以得见于君子也。"《白虎通·嫁娶篇》："妾者，接也，以时接见也。"汉刘熙《释名·释亲属》："妾，接也，以贱见接幸也。"故妻处于与夫齐身同体之地位，妾不过接近其夫，侍侧而已。

妾来源有二。一为由于买卖，如《礼记·典礼》云："买妾不知其姓，则卜之。"二为由于私奔，如《内则》云："奔则为妾。"故在家庭中之地位颇低。

如夫君爱惜，大妇善良，虽失自由，犹可为生，问题尚属简易。如夫君薄幸，大妇残暴，其精神及身体上所受之打击及痛苦不言而喻，结果非抑郁以死，即私奔或自杀。故妾之制度，亦应废除，此为治本之道。而目前应予以救济者，厥为受虐待呼吁无门之妾，其境遇有略似婢女处，讨论解决办法时可以相互参照也。

（三）娼妓——娼妓为卖淫之妇女，男女相爱悦本系自然而合理之行为，但一旦一方面因生活困难，为谋获取生活之资，而出卖爱情，以肉体供人取乐，或蹂躏，实属不幸。

考之历史记载，无论中外各国，均有娼妓，自古已然。例如埃及、希腊、罗马早有妓女之存在。在我国管仲之设三百间以资商旅之便。汉时之营妓。唐宋时代之校场。降及今日，都市人口日增，而娼妓之数量，亦随之而增。据有人估计，伦敦九零六人中有一妓女。柏林五八二人中有一妓女。巴黎四八一人中有一妓女。芝加哥四三七人中有一妓女。东京二七七人中有一妓女，北平二五八人中有一妓女。上海一三七人中有一妓女。不过事实上恐怕不止此数，如私娼、姘妇、秘密卖淫者，亦计算在内，为数必甚众。例如盖税（gouy）报告，谓在纽约城，在三十年前有四〇〇〇〇至五〇〇〇〇妓女。德人某并谓伦敦昔日为贩卖妇女为妓之大本营（注一）；一九一七年甘布尔之北京社会调查，发现有公娼三七八八个，私娼有七〇〇〇个，合计为一零八八七人，平均每八十人口，或每二十个女子中有一个妓女。一九三七年有人调查上海的妓女，其中公开专业者有五千人，当时女子总数约为三十五万人，是平均每十五个中有一妓女。是娼妓不但是很早就有，而且极为普遍。

为娼之原因甚多，而其中主要为贫困。例如民国二十五年[①]冯德美君，调查成都妓女为妓原因，四百二十六人中有二百七十六人，系由于经济困难，约占百分之六十五，如以其他间接的原因算入，则尚不止此数。其次则为由于拐卖诱骗，因此为妓女者，多非本愿，而系恶劣环境所造成。例如妓女中，多数在二十岁以前堕落者。据冯德美君调查，成都妓女入院年龄在四百二十六人中，十至十五岁二十三人，十六岁至二十岁者二百五十五人，约占百分之六十五。此辈年幼无知之少女，除非由于外力作弄，绝无自甘堕入火坑者，此而袖手旁观不加以救济，亦太残忍矣。

妓女多为花柳病之媒介，妓院为纳垢藏污之所，影响于民族健康，家庭幸福及社会秩序者至巨。例如成都市之妓女调查，五三五人中，患花柳病者，有五一九人，占百分之九七，其病名为梅毒、淋病、横痃等。南宁某次调查，妓女经检验者，其中百分之八十八点九五，染有各种花柳病。据美国纽约情形，每一妓女接触之男子者，如以五人计，则五万之妓女的对象为二十五万男子，彼等如再辗转传播，遗祸妻子及其他妇女者更难计数。在我国卫生落伍，花柳病之蔓延当更甚。据苏州外人所办之医院检查一九四五人，其中百分之二一点三有梅毒。北平协和医院之验血者一一三三人中

① 即1936年。

有百分之二二点二有梅毒(注二)。如依我国名医伍连德氏的估计,成人中患有花柳病者,当在百分之五十以上。花柳病到处流行,如果是近乎事实,则诚有亡国灭种之虑,民族前途实属危险!

(四)被遗弃者及遗孀——在我国家族主义盛行的社会中,被遗弃妇女,当较一般人想象者为少。然终以平民贫困者甚多,亦难免有不少之不幸妇女被弃。我国复以鄙视改嫁,妇女不幸而丧"所天",终身幸福随之而去,故常以"未亡人"自命,如无担石之储,复有子女之担负,何以为生?在我国昔日各地方常有清节堂之设,予以保护及救济,则我国今日亦应有所措施,予以救济。

(五)其他如被拐卖之妇女——考婢妾娼妓之来源,一部分系被拐卖之妇女。我国匿迹于各大都市中之拐匪常有诱骗年幼无知女子之罪行,又是且甚有组织或派人至乡间搜集,或在城市间引诱,一旦入彀,则辗转卖为人家婢女或姬妾,或卖入烟花,甚至有做出口贸易者。携往南洋各地,贩卖为妓。此事曾经各国批评,并于一九三七年二月在爪哇开远东各国贩卖妇女儿童讨论会时,荷属、英属、法属各殖民地之代表(多为西人)曾有不少之检举(见该会会议录),有污我国名誉不好,实堪痛心!实则其间多系事实,不容否认。犹堪痛恨者:为贩卖幼女,一批一批的送入奴隶道、畜生道。虽则昔日伦敦著名大都市,亦有此类不人道之现象,将大批少女(所谓鲜货 fresh goods)运入都市为娼,以及所谓白奴(white slave)均可訾议，但其残酷程度尚不敢谓其必高于我国也。故拐卖妇女，实为婢妾之前奏曲，妇女一旦被人拐卖，即已开始其不幸之生活，但尚有幸而未即送入火坑者，拐卖罪行之防止与取缔，以及已被拐卖之妇女之救济，均有待于设施也。

第二节　不幸妇女何以需要救济及其所需要的救济

妇女因种种原因在两性之竞争中常处于较为不利地位，一因在体力方面较男子为逊，二因同时担任生育及经济的双重责任，自有所难能结果，辄沦为经济上的依赖者，而社会地位亦随之日微，此虽不合理，而确系多数民族男女关系之现状，在我国当亦不能例外，而有"弱女子"之称(当然亦有例外)。除一部分头脑清新，思想开明者外，对于女子之态度常有不近人情之处，或则视女子为玩物，或则视女子为奴隶，换言之，多忽视女子之人格。加以我国人民生活贫困，教育幼稚，女子常生活于双重压迫之下，境遇多属悲惨，婴儿降生即随其性别遭注定之命运。生男则为"弄璋"。生女则为"弄瓦"。生男则"载寝之床"。女孩子则无此福。内地妇女，复多溺女之风，处为母者已多自叹命薄，今再生女，一不过徒增一可怜虫而已。与其磨折以死于将来，不如早令其离此尘世于今日。

否则人非木石，孰能无情？如无极度伤心，曷忍自死其所生乎！而事实上多数贫家妇女之出路亦自堪悲。其自家不能养活者，多设法另为安插，或寄养人家，为童养媳，或鬻为婢女，谁将爱惜？或为人姬妾，或被人辗转贩卖而沦为娼妓，听人蹂躏。其易受人诱骗拐卖者，亦多为此辈。此均由社会各方面势力所造成，而女子本身多属无辜。故就正义公道或理智任何方面言，女子急应自觉，女子地位急应设法提高，而不幸妇女之救济，则尤为社会责无旁贷之任务也。

不幸妇女所需要之救济，就其广大处言之，为女子人格之实际的承认。而具体言之，则为恢复其普通公民所应享受之自由及生活。因社会人士如能尊重女子人格，则一切轻视欺凌侮辱以及玩弄女子之行为可以减少，而婢妾娼多为失去自由者（包括自由之意志及自由之行动），一旦自由恢复，自可免去为人奴隶及工具之厄运，而获得为人之生趣。如予以谋生之机会，则可变为一健全之公民矣。

第三节　不幸妇女之救济

一、婢女的救济（妾的救济附）

（一）救济婢女的步骤与方法。凡是新社会制度之创立或者旧社会制度之铲除，绝非偶然举办即可奏效，必须遵行确定之途径进行，方易成功。考婢女之发生亦自有其历史的背景，社会经济方面的条件，人民相沿成习，不以为怪。今欲铲除，势必谨慎将事。细考各国废除奴制以及香港之禁婢，得以有所成就者，均有计划之工作也。前就管见所及，其步骤及方法约略于后。

（一）宣传禁婢。为引起民众之觉悟及同情，应用文字及口头宣传，在文字方面，有报章、杂志、电影、布告、公布法令，以及散发传单标语等。在口头宣传方面可应用演讲，广播以及社会有地位人士之劝诫。

（二）预防婢女之再行出现。次为杜绝婢女之来源，明令禁婢之后，即应设法预防婢女之再行产生。考婢女之来源多为贩卖人口而来，人口之贩卖有拐匪，有贫穷之父母或亲戚，而有人需要收容者亦应负其责。故应严厉侦察及取缔拐卖人口，不惜用严刑峻法以惩制之。同时对于买卖或变相的买卖亦应同样临之以法，庶几可以稍挽颓风。

（三）处置已有之婢女。对于目前已经存在之婢女，系已成之事实，亦应有所措施，而其方式多为控制。其间亟应主办者如：（甲）厉行登记。令各地方厉行登记所有婢女，记明各婢女之姓名、籍贯、年龄、父母、来源或生长地，开始为婢女之时间，以及其主人家庭之生活情形等，以便有所查考。不登记者处罚（参阅《香港反对蓄婢史略》二一一至二一九页)。(乙)废除主奴身份制或名义。明令废除奴隶名义,令主奴之身份及关系改为主人与雇佣或义女之关系。十岁以下不得服役,应令其受义务教育。十岁以上工作须付相当之工资。如欲返还父母家庭,不得有所留难。至成年,不得强迫为侍妾,或贩卖,可随其自由意志,在主人之保护下出嫁或出外工作,不得加以干涉。此在香港已行之有效,可供采用也。(丙)严禁虐待。当明令禁止虐待婢女。如有不遵,或阳奉阴违,准其本人或其他目击者告发,政府予以受理。如经证明确有虐待情事,则处罚主人。(丁)设立收容所。对于被虐待婢女,不愿再返主人家,且无处归宿者,以及成年尚未获得适当安身之所者,政府应设立收容所。如目前拟设立之妇女敬业所,加以收容,予以教育及职业培训,以为将来谋生之用。如有愿嫁者,亦可照南京警察厅济良所之办法,予以指导及协助。

(四)社会力量之利用。此种事业之成就须尽量利用人民力量,或发动社会力以促成之。英人素有政治之才,其在香港即首先发动地方人士之舆论,组织各种会议以讨论之,根据阐明之结果,再有所建议,交政府执行。按香港当时有所谓反对蓄奴会及防范虐婢等,颇见功效,故一九三二年时,虽不过十二年,已大见成效。虽不能绝迹,然较之我国其他地区徒以法令从事者,实高一等。

(五)政府法令。政府对于禁婢及取缔蓄婢,明令公布,作堂堂正正之宣告，亦自有其效力。在我国除《刑法分则》第二十六章之规定外，于民国二十年一月内政部曾公布《禁止蓄婢办法》，可为办理之轨范（惟其间所定之罚金，尚有须重加考虑之处，以免太轻）。在香港甚至有监禁或者徒刑之规定，故成效较大。

总之婢制之发生，实社会经济制度之一环，前已稍稍言及，故欲彻底肃清，自非易事。例如贫穷之父母无力担养其儿女，政府又无适当及充分之育幼机关（如何处此数千万儿童，实一大问题），鬻女为婢为一不得已之途径，已较溺女为高明。如此路不通，又将如何？故人谓衣食足而后知荣辱，今受贫困压迫而责以大义，亦不易履行也。而购婢之家，衣食足而不知礼仪，一则囿于习俗，一则教育不足耳。故谈根本上的救济婢女，可联带，而涉及我国之社会经济及教育矣。

妾之救济，法令对于纳妾已予以明文取缔。其所以不能禁绝者，实亦一根本上之问题，如妇女之地位以及婚姻教育及经济等，而应予以同时解决者也。其他被虐待之妾，其救济可参照婢女之救济，如准其告发，予以收容教养，并谋其将来之生活出路。

二、娼妓之救济

娼妓之救济，在远一点的观点说，也是要从防止妇女为娼起。严禁贩卖妇女，可以杜绝一部分妓女的来源。妇女经济的独立，社会地位的提高，教育的增进，自可以免去好多妇女，遭遇此种不幸。

需要救济之娼妓，应以(1) 被人强迫为娼需要救援者，(2) 身染恶疾(如花柳病)不能为娼，亦无以为生者，(3) 受嫖客蹂躏不愿为娼者(如沈复之《浮生六记》所载)，(4) 受鸨母妓寮虐待者，(5) 禁娼后无法谋生者，(6) 生活无着不得不为娼者等，为主要之对象。

妓女所需要之救济，撮要言之，有：(1) 经济上的协助或救济；(2) 医药上的救济，如花柳病之治疗；(3) 法律上之救济，如遭遇虐待需人代为取得法律保障。

我们对于妓女的救济应为使其如何"重生"，恢复其整个的人格，及合理的生活，其间包括思想、人生观、社会观、态度、健康、习惯、工作能力以及其他生活方式。这其间当然有难易之不同，其初堕平康习恶未久者，较易于恢复，其受熏染较久者，自较难改造，有时亦令人难免朽木难雕之叹。

关于救济娼妓之步骤，亦可按照救济婢女之方式，如(1) 宣传，(2) 防预，(3) 处置已为娼妓者及其救济等。而其方法可资采用者，厥为(一) 救娼(如国际联盟一九三九年所刊用之《成年娼妓之救济方法》一四三至一四四页，——龙冠海引)及(二) 禁娼，如苏俄之彻底办法。至于苏俄所办之救济院，亦多能借参考之用，兹一一分述于后：

(一) 救娼(或救济的方法)。(1) 各城市的警察局内应设"不幸妇女服务处”，与社会科及当地之妇女救济机关取得密切联系，以为救济妓女之助(保加利亚、捷克及比利时的警察局中有这种组织)。(2) 妓女应由女警察对付(欧美许多国家是如此)，因为她们容易与妓女接近。(3) 凡被逮捕之妓女不应处以禁锢之刑罚。(4) 凡被逮捕之妓女皆应送至新的环境(如“妇女敬业所”或其他收容机关)，而予以适当之治疗与教导，因原来之环境，乃是使她堕落的一个原因。(5) 妓女之待遇或救济之应依其个人情形而定，即待遇之方法应有伸缩性(此处当然需要社会个案工作之技术)。(6) 凡是被拘留于“救济设施”之妓女皆应予以体格检查，包括精神病理之考察(“救济设施”这名词亦系社会部新近指出者)。(7) 凡有疾病者应立即予以医药的治疗。(8) 医药治疗，教导方法，或感化教育，可同时实施。(9) 施于妓女之感化教育，最好用暗示方式，或用人格感化，以养成新的人生观。(10) 所中生活训练不应过于严格，或与外界常态之生活过于差异，使其将来出所后易于调适。(11) 所中之生活训练最好注重：(甲) 家事训练，(乙) 个别指导，(丙) 团体生活(如集体歌咏、运动与演戏剧)。(12) 工作训练应该注意下列三点：(甲) 依个人之工作能力与兴趣而定(先应有此种测验)，(乙) 应使其将来能有能力更生，(丙) 应与原来之职业有异(即原来使其流为妓女之职业)。(13) 出所时应为其介绍适当之职业。(14) 出所后应继续予以监

督及指导。(15) 为其介绍婚姻。(《学思》二卷十二期二九页引)

(二) 禁娼。苏俄是一个社会主义的国家,有不少调整社会关系的新办法,禁娼亦其一端。其目的在于打破两性的不平等,根本铲除卖淫的制度。某次该国人民卫生委员会对于防止及取缔娼妓有以下的一种建议。(1) 在裁撤人员、辞退妇女时,要加以特别注意——凡关于准备不良和无经济抵抗力的妇女,都特别看待(就是要顾及那些没有近亲的妇女,没有住处的女孩,有孕的和有小孩的母亲)。首先保护这妇女的福利者,是劳工保护处,劳工联会妇女处等机关的责任。凡应用于这一部分之不加思考的方策,都能驱那些最穷困的妇女于娼寮之中。(2) 建立工业与农业的生产合作社的组织,以雇佣那些没有工作的、未受训练的妇女。(3) 在职业学校中,保留一些空名额,以改良妇女的职业资格。(4) 设立职业妇女的收容所,依旧及妇女的穷困。(5) 发展流离失所和穷困儿童的福利。(6) 扩大宣传教育工作,开导工作,开导工人,使他们明白卖淫的性质,告诉他们,娼妓是如何的不可接近。共和国的工人去接近娼妓是如何羞耻的事,并且指示他们接近娼妓所得的危险。

(三) 以上的方案,都是防患于未然,以阻止卖淫之发展的。同时,设法以抵制已存的卖淫制度,似乎也是必需的。(1) 凡在工人易于接近淫荡生活,和妇女易于驱入娼寮的地方,都是要严格地加以督察。革命以前所施行的督察的方法,不但不能保护妇女,反而会压迫她们,这是应该绝对取消的。例如对于妇女的蹂躏、虐待、强迫检查等等。在任何情形之下,反抗卖淫之运动,不应该沦为反对妇女之本身。(2) 对于娼妓的媒介者、教唆者和娼寮的主人,无论他们是如何的掩盖他们的真相都要以最严格的执行与司法的权势对付他们。(3) 设立免费治疗花柳病的机关,使凡有这种病的人都能受疗治,更好是设立施药所。因为要使所有的活动能直接反对卖淫,及解决地方上所发生的种种问题,地方苏维埃应该设立反对卖淫的特别机关,附设于人民卫生委员会的禁娼中央机关,应该包含一个直接与地方苏维埃合作的组织。地方执行委员会,地方职业苏维埃(Provincial Trade Soviets)和妇女会等的紧急工作,虽然有许多,但是反抗复活而发展很速的卖淫的罪恶,也是急不容缓的工作之一。在劳工国家中,不容有卖淫制度之存在。同时政府复订立刑法处罚花柳病之传染,例如:

第一一五条,凡将花柳病传染于他人者,处三年以下有期徒刑。

第一五五条,凡使他人陷花柳病传染之危机者——无论由于性交或其他方法——处六个月以下之徒刑。

第一六九条,凡以生理或精神之强迫,或以对手在无法环境之下而强奸人者,处三年以上有期徒刑。设因强奸行为而引起对方自杀者，处五年以上之徒刑。

第一六九条，凡强迫依彼为生或受彼雇用之妇女与彼为性交行为者，引用一六九条。

第一七零条，凡以身体与精神之势力，强迫妇女为妓者，无论其行为商业或个人的动机，皆处三年以上之徒刑。

第一七一条，凡开设娼寮，设立妓院，招收娼妇者，处三年以上之徒刑，并将其财产之一部分全部没收，但凡使妓女不自由而属于彼权势之下之娼寮主，或妓女不足法定年龄，则娼寮主之徒刑增至五年以上。此项法令之公布，对于娼妓之禁止，当然发生直接之影响。

（四）苏俄妇女救济院。苏俄为救济妇女起见曾办理不少救济院，可为我国将来敬业所之模范。救济院是收容所和医药处所附属的工作室，其中收容有花柳病的，无工作的，无训练的妇女。她们大半原来是妓女，使她们受疗治，学习工作，以无产阶级的精神再教育她们。治疗好了之后将她们安置在厂中，使她们加入劳工工作中，第一个救济院，得着普遍的同情，因为其中的工作的设备是治疗花柳病的，对于社会是很重要的一种贡献。此院建始于一九二三年，是一个生产合作社为那些失业而又受训练的妇女而设的。现苏俄所有的大城市，都有她们自己设立的，附有医药部与劳工部的救济院。在莫斯科各区中，有四个救济院，一九二八年，这四个院中共收八百九十一个妇女。根据拉斯(D. I. Lass)的统计,百分之七十六是农妇,百分之二十一原来是工人,百分之三是其他团体中人。其中百分之二十三是文盲,百分之四十六是半文盲,百分之三十一完全能读能写,百分之二进过中等学校。职业妓女之中,有百分之四十九有梅毒,百分之三十一有淋病,百分之十一两种病兼有。这种救济院的主要特征,就是于医药身体疗治之外,还进行精神的复活。凡入院者,都要有整个的心理的变化,其缘故就是因为妇女自第一天入院就要自己劳作来维持她自己。因为救济院并不是慈善机关,住院妇女自第一天入院就必需要自己工作以付膳宿费[①],起始作简易的工作,那是不需要什么技术的,渐渐地有了工作经验,开始喜欢她们所做的事,接受性与集中力都增加了,她们的希望渐次增长。当她们的复兴教育差不多完成后,她们不怕再堕落了。在她们病症治好之时,就可出院,以去做一个熟练工人加入工厂工作。在这种新工作环境中,她们忘掉了她们过去的历史。她们虽然出院,但还是在救济院照料之中,其他的妇女组织、工会和工厂代表会保护她们。妇女因此而进入一种充满了热诚与骄傲的新生命中。当失业还存在的时候,她们享受某种特权,以防止她们失业而再堕落。

① 此句中“缘故”与“因为”语义重复,“必需”与“要”语义重复。

在这种救济院中，与在其他的苏俄组织一样，不用说是要施行模范教育(exemplary education)的，并且努力铲除政治的文盲，妇女在文化上的兴趣，因此在各方面发展。在救济院的妇女——禁止称呼“妓女”这个字，院中的医生与职员都称住院妇为同志——分为各组，凡能读能写的，在她们空闲的时候受有规则的教练。那些不识不知的，则必须受强迫的教育，全体都要受医药疗治，每日工作七小时。教练分为两部分——我们可以拿莫斯科最大的救济院为例，它差不多是其他救济院的模范。一种就是个人的课程部(the individual course section)。此部每星期都有普通课程十八小时，每日三小时，适合于普遍教育程度，有俄文、数学、地理、政治学ABC、物理课程，有时借助于参观工艺博物馆(Polytechnical Museum)。妇女们都非常喜欢这些课程，她们不久之后，都被求知的热诚所感染了。其他一种就是“团体”(mass)部。这一部是艺术与情感的教练。组织有戏剧团，并设有如《生活报》上所那个形式的舞台，在戏剧家(义务的社会工作者)指导之下举行定期的戏剧表演。有的妇女自己已有戏剧的观念。又有特别的音乐训练，进行普通的音乐，尤其是那时流行于这个团体中“西冈诺卡”(Zyganochka)。这是有教育功效的。每个救济院都有他们自己的风琴乐队。每月作三四次音乐表演，俄国的国乐器、手风琴是很风行的。有一个特别的唱歌队，游艺跳舞的组织者，称为“马苏维克”

(Massovik)的人，安排招待大会的一切。这位“马苏维克”时时拿着一个“拜扬尼斯特”(Bayaoist)出来，这位在救济院中特别受欢迎的音乐家所弄的乐器，仿佛像[①]好几个手风琴合奏一样。有时也允许男子参加招待大会。到十一点之后——在莫斯科这个时间并不算晚，——这些妇女就任其自由，她们彼此防守，以免滥用对于她们的信任。团体部也排定时间去看电影。她们每天轮班去——每次七十或八十人——看指定有教育价值的电影。这些电影都能转注她们的思想，使她们使用脑子，入场是免费的，在团体部中设有体育组。其中自然也有编辑委员会，在负有教育责任者的专家指导之下，发行壁报。在团体部中还有缝纫班。入救济院都是自愿的。救济院有一个调查处，决定入院的人。不但对于健康情形就是对于物质与精神的生活方式，和每个入院者的外貌等，都有特别的记载根据，其结果来决定她是适于个人部或团体部。与院女接近的各种领袖如细心注意所填写的特别调查表，能够一步一步考查一个妇女在救济院中的整个发展。甚至她个人的嗜好和能力，都有详细的记载。因此，她出院时(普通一年以后)的新形状可以与她以前的形状相比较，而使她再进一步的训练与方法才能自动地产生(注三)。

① 这里存在语义上的重复，“仿佛”与“像”可删去其一。

其他不幸妇女如被遗弃者、童养媳、娼妓以及遗孀等，如欲加以救济，旧制新法皆可参酌采用，兹以限于篇幅，不再申论。

注释

注一　Bliss：The Encyclopedia of Social Reform，p. 980.

注二　Lamson：Social Pathology in China.

注三　参阅 F. W. Halle 著，蒲耀琼释：《苏联妇女》。

第八章　疾病残废之救济

第一节　疾病残废的内容及问题

病为人生痛苦之一，肢体残废或耳目失其作用，不能享受正常生活（包括工作及行动自由等），均属不幸而应予同情者也。如幸而家庭收入不恶，有人维护，尚可生存。如不幸而家庭贫困，自身复无生活能力与收入，社会又不加以支持或救济，终将憔悴以死，于心何忍！而况人之一生，孰能免于挫折，偶生疾病，未必即有可死之道，而残废者亦不乏天资聪慧可造之才。如能善为利用及训练，仍可生产，而不致增加社会担负也。本章所涉及对象当以贫而病与贫穷之残废者为主体，但盲聋哑以及神经病者在富庶之家亦需专门人才之教导，亦可列入此类。不幸之人民为数甚多，主要者约略如后。

一、贫病者

患病已感痛苦，病而贫无以为生更苦。然贫病者内容亦甚繁复，撮其要者有：(1) 普通患病者，即一般之偶然患病者；(2) 患长期病者，如肺痨、麻风、老病（前已涉及）等；(3) 患传染病，一般之传染病，其问题颇不一致，如欲解决，还需涉及各方面的关系。

二、盲人

盲人之造成或由于先天或由于疾病，或由于意外，按双目为人接受现象界之主要工具，关系人生之发展及幸福至巨。瞎一目者以觉不便，如双目失明，是与世界之大部隔绝。若中途失明已觉不幸，生而失明，痛苦尤深。如生于富裕之家，尚可生存，否则只有行乞或受磨折以死耳。而实际上各国盲人亦有不少特出人才，如诗人爱罗先河，盲音乐家裴多芬（Bethoven）、莫戛[①]（Mozart）辈，并不因目盲而无所成就。即一般盲人稍加训练，亦多能参加适当工作。欧美各国之盲人，常占人口中百分之一左右（见《社会改造百科全书》），是则四千余万人口之英伦三岛，即当有四万余盲人。美

① 现一般译为“爱罗先珂”“贝多芬”“莫扎特”。

国盲人当近十万，而我国盲人比率当更高，估计在五十万人以上，是项大量盲人，如何救济，就我国现状言，当更为繁难也。

三、聋哑

聋哑亦可由于先天，或疾病或意外所致。生而聋者，以未与音浪接触，故多哑。亦有少数中途失聪，而并不哑者。重听者较易应付，惟生而聋哑者应付较为困难。各国聋哑之估计，约与盲人估计相若。是我国聋哑亦不在少数。如加以特殊教育，其工作能力当更在盲人之上，因各种手工艺，彼辈皆易为之。

四、肢体残废人

肢体之残废，或由于疾病，或由于意外及战争，或由于治疗，为数之众，长超过盲人及聋哑，其重者，四肢均废，或则双手或双足残废，其次一臂，或一腿失能，亦属常见之事。如系耳目五官无损，则稍加训练，均非可弃之才，而伟大人物，更不能受其限制，美总统罗斯福并不因腿部失能，而不获为世界第一流之大政治家。

五、精神病人

以上之疾病残废，均属于体格上，或生理上之缺欠。最后应一并涉及者，为心理上有所缺欠者，或精神病人。精神病人，内容亦甚复杂，疯狂癫痫以及各级低能，均可涉及其间，尤以疯狂为甚，因其大足以影响社会治安也，各国精神病人为数不少，在英国约有人口百分之三至百分之四，美国亦有百分之一点六至百分之二点四五，且有增加之趋势。有人估计我国精神病人数字极高，是此项问题之严重可想而知。

第二节　疾病残废人何以需要救济及其所需要之救济

疾病残废人之需要救济，其理由多与以上各类不幸者大致相同，除人类同情社会正义及责任外，为社会利益及其他理由记，仍应尽量予以救济。

第一，疾病残废为造成贫穷之主要原因，此在社会学与经济学及医师莫不早已承认。例如，英人韦白氏[①]（Sidney Webb）即曾谓："吾人在各时代，各国社会，均可发现，疾病为造成极大部分之贫困的直接原因。"张玉莲君研究成都市乞丐时，即发现三百八十一个乞丐中因疾病而致堕入乞丐生活者有三十五人，占全体百分

① 今译为"韦伯"。

之九点二。因残废而致堕入乞丐生活者有七十九人，占全体百分之二点零七。其他尚有哑聋、瘸、瘫、驼、畸形、断手、断足（百分之八点五）、盲聋、聋驼、驼瘫、盲瘫以及畸形，盲及断足，盲瘸及断手，哑聋及驼、盲聋及断手等合计，不下百分之四十，是残废对于人民之堕入贫困倚赖之途，实为主要之原因。

第二，疾病残废者，或因偶然染病，如能治痊，一旦健康恢复，仍可一如常人之继续生产及生活。而残废者，如仅系某一部分官能失效，但能做适当之补救，亦仍可一如常人之继续工作，以谋生活。正如钟表稍遇锈滞，或缺一零件，如加以擦油或配备，仍属可用之计时工具。如弃之不顾，已觉其浪费，可以人而不如物乎，故加以救济，匪特仁者之心，亦智者所宜为也。至于精神病人，不但本身痛苦，且有时有自杀、杀人、纵火等暴行（如发狂），不加制止，有扰乱治安之处，亦不可不慎为处置。

病残废者所需要之救济，多因人而异，但大多数仍不离乎：(1) 医药，如诊治的便利，药品的需要；(2) 金钱，因病中或须养家，以及自身医药调养费用；(3) 可能的看护；以及(4) 特殊之环境与设备，如病院、病床、隔离病院、疗养院，补救残废及训练盲聋哑之工具（如假手、假腿、助听器、杖车、凸凹字等），特殊学校，以及为精神病人设立之精神病院及治疗院等。而各类专门人才，如各类医生、护士、社会工作人员、精神病心理学家，不一而足。此在富裕国家，咄嗟可办，而在我国，则常感医药经费人才设备之极端缺乏，而一时颇不易着手也。即就我国一般民众对于中医西医之观点尚未弄清楚而言，已经暗礁重重，故在我国而言我国，其问题之繁复，恐非普通办法所能解决，而有待于深刻及全盘之研究。以下虽有各种设施之列举，亦仅属办法之初步耳。

第三节　疾病残废人民救济之办法

一、病人之救济

在欧美各国，医药科学之进步，医药人才之充实，公共卫生之改进，医院之林立，政府教会及私人常输不少资财以倡导及协助，故对于病人之救济，至为便利，复为预防计，平时则提倡工人疾病保险，其目的，在用共同负责及储蓄方式，以协助少数人不幸而临时发生疾病之需。在美国，普通将病人分为四类：第一类为富有者，本人有钱及常年的医师，不用多予协助；第二类为小康人家，平时稍有积蓄，遇病则尚缺大量之经费，如有协助借贷，尚有偿还之能力；第三类为平时仅能糊口，遇病则失业，无收入以养家及治病，此类人士在美国为数甚多，亦为美国医药救济之主要对象；第四类则为贫民之需要施诊者，每遇病人需要救济，则有接送病人之汽车，送往适当之诊所，代为筹划诊费、营养费，并为之解决因疾病而使其收入减少及失业之困难。此多由于社会工作人员与医生等协助。甚至有特约晚间诊疗所，晚间开诊，以免工人损失日间工作之利益。凡此一切均甚周到。

在我国，病人则多为上述之第四类，即贫民之需要施诊者，人类极众，第二类只诊费不足者次之。

最理想之办法，我国今后应注意公共卫生之倡导，医药设备之充实，使人民健康增进，疾病减少。如人民不幸而仍有疾病，则在国民经济力增高后，对于卫生及治疗均有力应付，而社会上的医药便利，亦可左右逢源。不过此时尚距离甚远，而应有过渡之办法，渡此难关。故作者以为我国亟宜举办者，有数端：(1) 医药科学之研究；(2) 医药人才之培植；(3) 公共卫生之倡导；(4) 社会工作之推行；(5) 尽量推进各机关工作人员之健康保险或疾病保险。

以上系治本及预防工作。但对于现实的需要，就我国目前环境论，或者仍应有各类设施，举其要者有：(1) 首应扩大及充实目前各地之卫生院的工作(实际上此项疾病的救济，多应划归卫生院负责办理，如有社会工作人员参加及配合，收效更广了)；(2) 增设平民医药顾问处，以便平民有疑难杂症，得来此询问，予以指导，如登记后，指明何处可以就诊，医院或医师之所在地；(3) 增加卫生院或公立医院之病床及医药设备(如果经费容许);(4) 予平民求诊者以各种便利,如按号出诊急诊等;(5) 商请各地中西具有慈善性之私立医院,通力合作;(6) 各院雇请社会工作人员专应平民之需要,担任求诊者之研究及指导工作;(7) 遇有传染病者,须送入隔离病院,故传染病院需求增加;(8) 对于需长期疗养者,比较困难,如无免费之疗养院,则只好仍住家中,而时派得力护士间日访问;(9) 我国中医尚受人民之信仰,似可取其长,而去其短,将中医所用之特效药,经检定后,仍让人民就地取材,加以利用;(10) 至于经费之筹措,则政府可本集团负责之精神,一方面稍增税收,以资挹注,一方面利用健康保险之经费,同时亦可鼓励私人捐助也。

二、盲人之救济

关于盲人之救济,其步骤约略如下:(1) 登记。命令各地盲人登记,以觇各地盲人之数量分布及其他有关事项。(2) 调查及研究。调查及研究各盲人之本人及家庭状况,以便发现各盲人所需要之救济。(3) 医药救济。尚有可以补救者,予以医药上各种便利。(4) 家庭教学。遇盲人之家庭富裕者,可代觅专门教员,予以可能的教育及训练。(5) 机关救济。(a) 设立盲人学校,为一般有家可归者,可以令其日间来学。(b) 为贫民之无家可归者,设立住宿舍附于盲人学校。(6) 编制特种读物及读法(如凹凸字)。

(7) 训练就业。(a) 手工艺，如毛巾、围裙、地毡、其他织品，籐工、竹工、帚、玩具等；(b) 商业，如小贩；(c) 艺术，如音乐师、歌咏家、诗人；(d) 其他，如说故事、打字、按摩等。(8) 组织。如盲人协进会以谋联谊，而达到互助之境地。

三、聋哑之救济

关于聋哑之救济，其步骤及方法约略如后：(1) 登记。(2) 调查。(3) 医药，救济。聋哑者，有时系由耳部有病所致。如有专门耳科医生加以诊治，即有可以治愈者。哑者常因聋所致，如聋可以医愈，则哑或可同时解决，又哑者或因喉部发音处有损害，间或亦有可以治疗之处，而重听者，如利用器械以助其听，亦可复听。是初步之医药救济，实为必需。(4) 家庭教学。(5) 机关救济。(6) 训练听话及说话。如用手势法及唇读法等。(7) 训练就业。因双目能视，除特别需要用耳及发言之工作外，自手工艺以至各职业界，皆可谋生。

单纯的盲或聋哑，尚有可为。如盲而兼聋哑，则难以教诲。如再有残废，则等于废人矣。

四、肢体残废人之救济

其办法亦约略如上段：(1) 登记。(2) 调查研究。(3) 医药救济，或器械供给。利用人工补缺术，如装假腿、假脚、假臂，或视其经济力代为谋划，或供给拐杖、特制车等。(4) 机关救济。特创学校，特别班等。(5) 训练就业或改业，因材而教，如缺下肢者，学习人造花编篮、订书、黏土、织补以及其他各种高级工作，如会计、音乐师及教授等。

五、精神病人之救济

各国精神病人问题之存在，由来久矣。但终以精神病理学之幼稚，尚未获得圆满之解决。然即就发展之现状而言，虽专书亦不能罄，在本书亦至少应有一专章讨论之。但终以限于篇幅，及此项问题之专门性特高，未便多所发挥，尤应俟专门研究者之贡献也。

(一) 旧式之观点及处置办法。在各国科学未昌明之际，对于精神病人之认识简陋。例如认精神病为罪恶之果报，不必怜悯，或认精神病为鬼神作祟，以及精神病人是无灵魂不感痛苦。因此多不明病者之动机，而处置方法，亦多流为专制与残忍，而有悖于人道。故一般处置之方法多属消极的、硬性的以至于报复的，其方式有：(1) 拘留，即遇有精神病之行迹者，未审明其究竟，即予以拘留，常用武力方式；(2) 禁锢，关闭于铁笼，或坚固之房舍，以至于监狱中；(3) 非刑，为禁止行动计，常用铁马甲以及所谓安静椅(架上即受缚不能动)，中国亦常用手脚镣铐以处置之；(4) 待遇，待遇甚苦,即以非人类视之,当然对于衣食之供给极为微薄,其后各国人士目击心伤,大声疾呼,力争改良,加以科学进步,政府开明,经过多方试验,已逐渐改良矣。

（二）晚近各国对此均有改进,可供我国参考。兹就其可以采用之设施论列于后。(1) 设立精神病院——其任务为严密的诊断,病人是否为精神病人,不应臆断,应有科学的根据。故凡有精神病之嫌疑者,应首先送至精神病院诊断,是否有精神病,以及患者为何病。诊断方式有三:一为生理的检查,一为心理的检查,一为社会个案的研究。此非专门的医师及人才(普通医师加上高级心理学等,特殊训练),不易胜任。其手续包括一般的观察,身体各部分的检查,实验室的试验。(2) 治疗——设病源是在生理方面,则循生理的疗治方法。如病源系在心理方面,则应用精神的疗治法,而病者之患病有时系由社会关系之失调及打击,因而发生某种情结,尤须利用社会个案研究法,找出症结之所在,而予以解决,大有助于精神的疗治法。以上二步骤,对于被动的送来的就诊者,以及自动请求诊治者,可以通用,而自动请求诊治者,尤应予以多方鼓励,一如普通病院然。(3) 机关设置——各国精神病人,如因妨碍治安,有加以机关留治(拘治)之必要者,须经医师二人以上之证明,法官之裁可,方得认为精神病人(尤其是疯子),而加以留养,作特殊的监护、治疗及训练。(甲) 设立之地点:应以人才经费为先决的条件，就我国目前情形而论，人才缺乏，经费困难，初步只能设于省会附近处。（乙）设备：精神病人多半是动的病者（Active Patient），应有坚固的房舍，免易为破坏，其建筑应配合病人的分类法，且适合卫生原则。美国目前精神病院多附设有广大之园地，作病人畜牧、农艺或园艺之用，亦有可参酌的采用之处。（丙）管理：管理应雇用有训练的护士，用同情的态度，科学（如心理）的方法来对付病人。病人的环境应快乐而美丽，活动应自然而有趣，阳光空气中之露天工作，尤为适宜，故应有大块之园地，供彼等种植作物菜蔬（且可减少开支）。此外利用游戏及适当的运动，以调节其心情，常可发生改进之效力。换言之管理应一反往昔曰之拘禁，压迫之方式，而代以慈爱愉快之方式。（丁）除每省或中心地点之精神病外，各县市尚可设立精神病疗治所或站，其作用如下：第一，为不必进院之精神病人而设；第二，办理心理卫生咨询事项；第三，为病人初步诊断及治疗之所；第四，为出院之病人复元后继续调治而设；第五，为暂时收容当地之严重病人而设。因交通不便一时不及送往省院，而同时又不能任其留于地方，危害他人。以上之精神病院及精神病疗治所，初期如因经费及人才不足，可与卫生院及其附属的所站合作或合办。（戊）人才：关于此类专业，以其专门性特高，所需专才甚多，其主要者为精神病专门医师，精神病（或特殊的）护士，以及社会工作员。环顾我国此类人才极少，欲求实现，则训练系一先决之问题。(己)组织:此类工作站应有专门机构,专司其事。就我国目前行政组织而论,在中央应由卫生署、社会部及内政部合设一执行机构办理之。在省则应由省卫生处、社会处及警察局(以及法院),合设一执行机构办理之。

总之,以上各种疾病残废者之救济,内容多涉及医学、精神病理学等专门问题,简短之申述,绝对不能详尽。因每一问题之解答,皆可成一专书,兹所提及,仅其荦荦大端,其详尚有待于深入也。

第九章　乞丐之救济

第一节　乞丐之类别及问题

凭讨乞为生者谓之乞丐，各地对于行乞，观点不一。例如古代僧侣以及西藏地区、缅甸、暹罗等处平民，常涉数千里之地以朝有名之佛寺，沿途皆依行乞以为生，视为有求必应，不以为忤，而和尚多以行乞为职业，人民且乐于布施。至于其他各国，无论贫富，均有乞丐一流之存在，街头巷隅，随地可遇。贫困可怜者固不乏人，然而已经富有，而仍行乞者亦大有人在。男女老幼，形形色色，无奇不有，然无论如何，皆度寄生生活者也。如加以分类，可得以下数种。

一、按程度分，有：(1) 专业丐，系专门以行乞为生，或以乞讨为主要之职业者;(2) 临时丐,系因失业,或遭遇不幸,如天灾、人祸、疾病或家属死亡,在无其他办法时,暂以行乞度命者。以上二种中,临时丐系不得已而为之,情实堪悯宜急于加以救济,以免堕入迷途而不知返。至于专业丐,则惰性已成,恶习已深,难以普通方法求其改邪归正,而有时须用矫正方法,以免其扰害社会。此系一方面救济乞丐,而同时亦社会自救也。

二、按性别及年龄分,有:(1) 男丐与女丐;(2) 乞儿及成年丐。据一般调查,中西各国,女丐为数甚少,大多数均为男丐。此殆由于女子较为含羞,或另有谋生之道,是为一大可注意之点。至于乞儿,均为不幸之儿童,应归入儿童救济一类。至于成年丐,则问题较为严重者也。

三、按体格分,有:(1) 身体健全者;(2) 身体残废或有疾病者。身体健全者,理应自立谋生,疾病残废或有不得已之苦衷,而需予以救济者也。

四、按经济能力分,有:(1) 穷无立锥之地;(2) 已有相当积蓄者。后者宜加以纠正,前者宜妥为救济。

五、按知识及技能分,有:(1) 有相当知识或技能者;(2) 无知识或技能者。前者较易应付,后者之救济,则需要较大之努力。

六、按智力分,有:(1) 聪明者;(2) 低能者。聪明者易治,低能者难治,如有精神病,则更不易为力也。

七、按心性分，有：(1) 善良和易者；(2) 桀骜不驯或有不良之遗传者。前者易治，后者难治，且有犯罪之倾向。

八、按习惯分，有：(1) 未染嗜好而勤勉者；(2) 有恶劣嗜好者（如醉酒、烟、赌，色情狂者）。前者易治而后者难治。

以上各类乞丐，其优劣之程度，各不相同，而所有优点及缺点，亦不一而足，或瑕瑜互见，因之应付须有因人而施，各得其宜之处。

第二节　乞丐之救济或处置之步骤及办法

乞丐为社会之寄生虫，亦属一种社会病，其产生之条件甚多：例如天灾、人祸、政治未定，经济制度有弱点，以及社会风气等，均足以促其产生，助其存在。虽乞丐因缺乏生存资料而乞讨，然亦因有愿施与者而乞讨之行为增多。至于本人之遗传、遭遇、教育、伴侣等均有关系。故乞丐之铲除，非一单纯问题，如欲彻底或根本解决，则涉及之范围极广，如自然环境也、遗传也、文化也、政治也、经济也、教育也，均有待于改进。欧美诸富强开明之国家，虽政治清明，经济繁荣，教育普及，仍不免有不少之乞丐，可以概见乞丐问题解决之困难矣。然人谋不臧，仍不能辞其咎。就我国言，则乞丐之救济及处置之道，仍有可以商榷者。

一、法令禁止——首宜制定取缔并严禁求乞之法令，遣置现有之乞丐，此后如敢有行乞者，则加以拘禁。立法及处置时，可循下列途径：

（一）对乞丐应行处理者

（1）布告周知。各地方政府，应通告救济及处置乞丐办法，以便乞丐知悉行乞之不当，救济之途径，以及登记之便利，万一不遵将遭拘禁等。（2）登记。应令各地乞丐履行登记手续，载明乞丐本人及有关事项。（3）调查研究及证实。在可能范围内，应用个案研究法，查明乞丐之家庭史，生理及心理的等等方面，以诊断或发现其堕落为丐之原因。以及该丐之心性习惯及技能等，为以后处置之依据。（4）临时或初步收容，于讯实后，暂为临时收容，或初步的收容。（5）遣置。视各丐所需之救济或处分，分别予以适当的遣置。

（二）对民众

乞丐之存在，一方面系由于乞丐之依赖，一方面亦由于民众之施与，故取缔及救济乞丐，如不发动民众的合作及协助，鲜克有成。此在政府方面，一方面应通告周知；而平日之教育，对于不当之施舍足以助长倚赖及寄生，而无利于社会之观念亦应有详明之阐释。

二、机关救济及处置——在法令禁止后，乞丐之产生，应有减退之可能，已经存在之乞丐，除一部分可另寻生路外，其余之一大部分，既经禁止其出现于街头，即应有安置处所。往昔我国亦有栖留所及流民习艺所之设置，今后之办法，自应有力于原有机构之改良，以及新机构之成立。所需要之机关，在步骤及功用方面，至少应有三种：一为收容所，二为习艺所或工厂，三为集中营或游民管理所。

（一）收容所

（1）性质及方法。此项收容所具有临时收容及初步诊断之性质，凡自愿入所的乞丐，及拘禁的乞丐或流民，履行登记后，第一步留置于收容所，予以短期的食宿（应限制日期），并作调查、研究（个案工作法）、检验、讯实或诊断以及必要之初步的医药治疗。（2）功用。其功用有：第一，对于无家可归之乞丐及流浪者（流民），使之得有暂时栖身之处；第二，对于被收容者，实施体格与普通疾病之检验，必要时即有人才时，亦应有心理的或精神的检验；第三，检验之结果，依据各个情形，分别送往有关机关治疗；第四，为公共安全及卫生计，对于收容者得注射预防针，或施种牛痘，并可戒绝嗜好；第五，予以初步的感化教育，以期改善其身心，而免遗害社会；第六，此类莠民之收容，有助于肃清社会上偷窃等犯罪行为；第七，做适当之遣置，在讯实或诊断后，可予以各别遣置，如年老者送入养老所，幼年失养者送入育幼所，残废者送入残废所，有疾病或不良嗜好者送入医院或卫生院，不幸妇女送入妇女敬业所，精神病者送入精神病院，迷路者送之返家，失业者为之谋生或介绍职业。以上如在可能范围内，一一予以遣置，则剩下一批，为数必不多，可送往习艺所。(3) 设备及管理。收容所地点，宜择近郊之空旷处所，房舍设备，虽不必高于一般平民水平，但应注重整齐清洁，以及分类。专业丐，有病者，以及男、女、老、少、善、恶，均应在可能范围内分别安置。生活亦不能高过一般贫民生活，但应合理而有规律，否则贫民人人皆欲挤入，将有应接不暇之势矣。管理应该严肃与温情并重，方法应科学化，而着重实际。

(二) 习艺所(或工作所、平民工厂)

(1) 性质。如收容所相当于诊所，则习艺所相当于长期疗养院。对于无法遣置之乞丐，加以较长期的留置，其至要工作为：第一，改善其态度，第二，改造其习惯，第三，训练其技能，以及第四，诱导其工作。(2) 功用及方法。习艺所之任务为：第一，控制其生活，如限制其自由改造其生活态度、方式及习惯，而训练其作合理的生活；第二，因材施教，考察其所长，及测验其兴趣，而与以个别之技能训练；第三，因材而用，或就其原有之技能基础，加以恢复，及重新训练；第四，改善其惰性，乞丐大多数有不劳而食、随遇而安之习惯，应加以改正；第五，恢复其自信心，丐者多极有自卑情结，应设法予以改正；第六，养成其健全的社会生活态度，丐者多具有依赖性，嫉世仇视的社会态度，应予以更正；第七，出所后之督导，乞丐经训练至可以自立或重生时，宜令其出而参加社会生活，并仍保持联系，随时予以指导。(3) 设备及管理。习艺所之设备及管理，除可参照上段所提出者外，习艺所应附设有：第一，职业测验，测验丐者之工作能力与兴趣；第二，各类工厂，如手工艺、印刷、纺纱、织布、织毯、织袜、织毛巾、竹石或金属工厂，如翻沙等，小而至于儿童玩具，家庭用具(帚带、拖把等)；第三，农场、训练农艺园艺等技术；以及第四，职业介绍所，介绍就业，及作必要之职业指导。至于工作之竞赛及奖励(如分红制，及成绩展览等)，皆应相机办理，以宏实效。

(三) 集中营(或游民管理所)

对于在习艺所之正常的教育的方式下，有不少乞丐仍无改善之希望，或不听教诲，以及有犯罪倾向之乞丐，则应送往集中营，或游民管理所，加以处置。此为不得已而用之方法，各国及我国有径送往监狱者，似嫌太过。但可送往集中营，此处所采用之办法，为法律及教育双管齐下，一方面强迫工作，待遇刻苦，甚至不遵命令得施以某种处罚，然另一方面，仍得利用教育教诲的方式，予以自新的机会。一俟乞丐生活及态度有改进之实征时，仍可送回习艺所做正常之训练。欧西并有送往殖民地开垦之办法，在我国目前边疆亟待开发之际，未始非一可以考虑之可能办法也。

第十章　失业救济

第一节　失业者类别及问题

失业为无业之一种，因无业包括：(1) 不适宜于劳动者，如疯狂、残废、疾病；(2) 不应劳动者，如老弱、幼童；(3) 不愿劳动者，如专业丐、游民、流浪人等；以及(4) 有劳动的能力及志愿，而未有工作机会，或失去原有工作者，此乃吾人所谓之失业，而为本章讨论之对象。其他三种则已于前述章论及矣。

失业者之情形不一，举其重要者有以下数种。

一、临时失业不堪雇佣者，凡有劳动能力及志愿，只因由于某种原因，暂时失业者属于此类。此辈多为诚实本分之工人，因遭遇不幸而致此，应予援手，问题亦属单纯。

二、临时失业不堪雇佣者，凡劳动者因某种原因，如错误、脾气或其他不良之习惯，工作不佳，有随时随地失去工作之可能者属之。此类工人之救济，不甚单纯，应视个别情形，予以协助。

三、有长期失业之可能，而仍有雇用者，凡有劳动能力及志愿，只因市场需要改易，或新机器出现，而致失业者，属于此类。此类工人之救济，亦甚复杂，有需职业再造（Vocational Rehabilition）之处。

四、长期性的失业不堪甚用者，凡因某种原因，如老废、恶病，不能再加入工作者属于之，应归入老废疾病之救济。

五、不愿工作之长期失业者，凡有工作能力而无工作志愿等不肖之徒属之。此类人士为甚复杂，应付亦较为困难，彼辈或因疾病低能，或因失业已久惰性已成，或因染有恶劣嗜好，或有犯罪倾向，应用个案法，予以各别之处置。

至于其他的分类尚有：(1) 脑力的，如书记、教员、公务员；(2) 体力的，如工人。以及社会性的分类：(1) 偶然的，如天灾人祸；(2) 必然的，社会上的供过于求，以及老废。均可供参考。

第二节　失业救济之需要

失业系一社会病，大部分系由于社会经济的关系，以及生物性的原因而造成。试观以上各类之失业者，多半由于外在的原因所致，而个人的责任甚轻，此不能不应由社会负解决及救济之责，以维社会正义。

失业者，有劳动能力及志愿，而无法工作，如系家主则一家数口，何以为生？如日久不得解决，则惰性日甚，嫉世之观念日强，将来何恶不作，甚易发生不利于社会之举动。是社会逼失业者变为倚赖者，更一变而为社会危险分子。此系失业者之不幸，亦社会之不幸也。

有此三因，已足征失业者救济之急需。我国虽尚未至高度工业化，西方之社会病虽尚未完全传染，然我国前途之工业化，实有不可避免之趋势，宜早为未雨绸缪之计，以免重蹈欧美覆辙，而早为措置。而况我国生产事业，素不发达，人口又众，失业者甚多，亦应注意及此。外察欧美之经验，内审本国之国情，对于预防失业及救济失业，应有所决定也。

第三节　各国之失业救济

欧美各国以往对于失业救济，据《社会改良百科全书》所载，有以下五个步骤及办法。

(1) 首将失业者加以分类，加以工作或技能测验，以便各别地予以救济。在德国曾采用所谓失业工人救济站及家庭庇养所，其详细办法可参阅本书第三章所述，使工人在短期间，及步行觅取工作期间，得一临时食宿，及职业咨询或指导之所，不致流为乞丐，而伤廉耻。

(2) 办理职业介绍，对于有工作能力及志愿而堪雇用者，仅用最速的方法，为之觅取或介绍适当工作，德国之公立劳工雇用局，办法最善，可资参考。

(3) 安置暂时无工作之失业者。对于有工作能力及志愿之工人，因一时无法觅得工作，则由政府设法予以救济。例如，美国之"空地种植"或垦荒办法，比国①之"工业保险"及英国之"公共救济工程"办法。

(4) 对于无工作能力，行为不良之长期失业者。在德国曾采用"劳工殖民区"办法应付之。

以上各项办法虽有一部分经改良而仍沿用，但大部分已为陈迹矣。

(一) 意大利之失业救济。意大利自法西斯当政后，对于劳工利益之谋取，颇为努力，其详情可于一九二六年通过之《劳动大宪章》中见之。在第二十七条中并规定国家对于救济劳工，应举办及

① 即比利时。

推行：

（1）工人残废保险制度；

（2）改良现行之保险制度；

（3）工人疾病保险制度；

（4）工人失业保险制度；

（5）青年工人保险制度。

以上各种工作，均属于广义社会保险范围内。专司其事者，设有“法西斯国民社会保险社”，一方面办理保险，一方面并利用大宗保款，举办各种公共工程等事业。目下该社已着手举办之保险事业，与劳工有关者，计有：衰老保险（包括伤害保险），失业保险，及疾病保险。此种保险制度乃系强迫性的，举凡一切工人，不分性别，自十五岁至二十五岁止，均须依法投保。其目的为：（1）衰老保险，为保险者，在年老时可向该社领取款项，以维生活，如工作时受伤，亦可取得偿金，保险者死亡后，其家属，亦可领取相当的部分；（2）疾病保险，为保险者本人及其家属，如患病时，并不付予赔偿金，而可赴该社所办医院诊治，不取费用；（3）失业保险，为保险者在失业时可在规定时间内，向该社领取逐日之津贴金，至于付款及赔偿办法，另有详细规定，可资参考。

此外对于救济劳工之职业介绍，亦极为注重，由国家设立职业介绍局，专司其事，其工作为（1）办理登记及（2）办理介绍，颇见成效。

（二）英国劳工失业救济。英国为工业先进国家，战前已感觉失业之严重。第一次大战前，每年平均有四十万人失业，战后增至二百万以上，故政府对于此问题，极端注意，历年皆有各种法案之通过，如《贫民救济法》等。直至一九二七年，正式公布《失业保险法》，及一九三四年公布之《失业法案》，始渐上轨道。此案公布后，英政府并专设失业救济部以处理之。该项《失业法案》中主要部分为：(1)《失业保险法》及(2)《失业救济法》。

英国之失业保险，亦系强迫性质，除少数例外，凡国民在十六岁以上二十五岁以下而有工作契约或学徒合同者，均须依法投保，每周缴付保费。

英国失业保险之全部经费，为“失业基金”，由劳工部加以统制与管理经营，失业基金之收入，系来自保费，支出则为保户之赔偿金及行政费。

失业保险之保险费系由三方而缴付，即劳工、雇主及国家各缴三分之一。其偿付办法，亦有详细规定。例如，凡欲领取失业保险赔偿金者，必须(1)在请求赔偿以前之二年内曾经缴过三十次以上之每周保费者，(2)在请求赔偿之日起，继续的失业者，(3)须能证明彼有继续工作之能力者及(4)能遵照劳工部之指示受职业训练之课程者。惟对于已婚之女子，及季节劳动之限制则较宽。所付之保费，视性别及年龄而稍有差异；男子自六先令至十七先令（二十一岁以上六十五岁以下者均为十七先令），女子自五先令至十五先令（二十一岁以上六十五岁以下者均为十五先令）。以上金额，均按每星期计算，每一工人，如合以上各条件，在该年中可继续领取一百五十六天（约二十六个星期）。其他详细办法，条目甚多，不及备述。

至于失业救济办法，则依据法令，任何劳工在失业时，或虽有部分工作而其收入不足以维持生活时，均得请求领取津贴，其条件约略如上述。每星期最高级为二十四先令，视家庭人口及房租以为断。

（三）美国之失业救济。美国虽号称富裕，但亦不免时感失业之恐慌。美国救济失业，晚近所采取之主要办法，除公共协助式之普通救济，社会保险法中其他各种保险办法（如健康保险），以及社会安全法，所提出之办法，间接的有助于失业者之救济外，其直接的主要救济办法为：(1) 失业救济；(2) 失业赔偿；(3) 工程计划或工赈；(4) 职业再造。

(1) 失业救济，失业救济系政府对于失业工人予以津贴，使其本人及家属中之倚赖者不致于[①]挨饿。政府用于此项救济之经费，系取自国家税收，而由一般民众之付税者担负之，数量甚为

① 现一般写作“不至于”。

庞大。

(2) 失业赔偿与工人赔偿法有别。因工人赔偿系社会保险中之一项,即工人因工作而受伤害,应由厂方补偿,而此种费用在厂方则计入成本,工人有此收入,可应付紧急医药费用及生活费,且可使厂方或雇主注意伤害之发生,而设法减轻之。各州办法内容不一,但其功用正如健康保险法一样,均能减少失业及减轻其痛苦。

至于失业赔偿,则属于社会安全法案中之一项,新近陆续由各州遵照施行,而办法亦有出入。其款系由政府向各厂方按其应付之工资征入百分之三,而每一失业工人在失业时,每周最高额可领取十五至十一元之收入,约为平时收入四分之一。只因各州办法不一,数量颇不一律。至于规定领受者之资格,等待时期自一周至三周不等,据一九三九至一九四零年统计,付出之失业赔偿费,达美金四亿八千二百五十一万一千元(注一)。

(3) 工程计划或工赈。政府鉴于失业人数之众,而失业救济之费用甚高,遂逐渐改变方针,乃配合失业赔偿办法,另由政府大兴工程,如兴水利、修公路等工作(公私均可),雇用失业工人,此颇近乎工赈,使工人出力而谋生。其工作待遇,约等市面一般类似的工作收入,工作效率虽稍差,亦无法计及矣。主持此种任务者,为"工程计划行政"即 WPA(Works Projest Administration or Work Progress Administration),成效甚大。据统计,一九三六年雇用失业工人，达二百五十余万，一九三七年一百七十九万以上，一九三八年二百七十余万，一九三九年二百三十余万。

以上三项办法之应用，在美国晚近有日趋综合以应失业救济之势(注二)。

(4) 职业再造。系对于因工作或战争受伤害，或新机械起而代替旧有技术，而引起之失业，予以机会，令其改业，重新训练一新的技艺，使其仍可继续谋生。其第一步办法，为对于每一个人，决定一最适合于体力、智力、工作能力之工作；第二步协助该个人获得一切必要之准备或锻炼；第三步为之选择适当处所，使其就业。此因各人的情形不一，故甚为烦难而耗费。

(四) 苏俄、日本及其他：苏俄以计划经济闻于世，故国内几已无失业之可言。虽则期间不乏工作时间不足，收入过少，有半失业之现象，但晚近已大加改良，而工人生活已改善不少矣。可见欲根本解决失业，仍在于经济制度之改造。此可资我国借鉴者也。

日本亦一工业后进国家故失业情形亦相当严重，而有失业救济与职业介绍之办法。例如东京在举办失业救济事业方面，设有壮年失业者之更生训练所；东京市失业者须向职业介绍所登记，经其铨叙合格后，送入该所受训，受训时间约为四个月。其训练事项有：(1) 精神训练(宗教、道德、公民等)，灌输更生之精神，励行规律之生活；(2) 劳动训练，使劳动者于每日规定之时间内作业，养成习劳及增进技能;(3) 更生训练,训练其勤俭,储蓄工作收入,作为出所后更生之基金。

日本对于职业介绍所,办理亦甚认真,东京市设有智识阶级职业介绍所,内有调查部、介绍部、授职部及失业应急部等。另有少年少女职业介绍所,其事业中有职业介绍、职业相谈、健康相谈、职业辅导、地方联络及求人开拓等项。

尚有其他各国,如比国、丹麦等国,对于失业亦均有救济办法,然其内容多不出以上各国之范围,不再赘述。

第四节　我国失业救济之拟议

我国素以农立国,只因耕地有限,农工过剩,失业及半失业者为数极众,为此我国失业者之大本营,而与欧美各国不同之异点也。但同时我国工业虽属落后,城市间亦常有不少失业者浮沉其间,而战后我国工业化都市化之趋势,复不可避免,是目前失业之救济及将来失业之预防,均应早为之计。兹就管见所及,略论于后。

一、实行计划经济,以便根本上清除失业

我国一旦抗战胜利,建国日趋正轨之前,须有一国势调

查，对于我国人口之劳力，资源之开发，交通之兴筑等，应有明确之统计，作整个经济建设之依据。然后通盘筹划各地所需，以及各项事业所需之工人，如矿工若干，重工业工人若干，轻工业工人若干，运输工人若干等，以及各工业各级之技术工人若干，然后分别加以训练，加以调查，自可减免失业之出现。

二、预防失业之办法

在未实施计划经济前，为预防及减轻失业起见，应在可能范围采取以下办法。(1) 举办健康保险，普遍地强迫所有机关之各级人员，加入健康保险，使发生疾病时有医药之资，且不致感失业之苦。其保费可由工人雇主及政府（视财力）分担，其办法可参考各国情形及办法，及我国国情拟定之。(2) 举办伤害保险，即对于工人因工受伤，得有赔偿，为就医及维持生活，因雇方须多负责任，则对于工人之工作之安全自应多为注意。(3) 举办养老恤金制。工人在服务若干年后，凡年龄达到六十或六十五岁者，退休时，得有收入，以维生计，不致感受老年失业之苦。当就我国国情，作适宜之措施。(4) 举办失业保险。可师英美各国办法，但亦应顺乎国情，定订有效规条，方易实行。(5) 职业再造，亦可师美国办法，斟酌损益。

三、其他补充办法尚可采用

(1) 职业指导。对于工人就业，学徒训练，学生入学及毕业，均应尽量利用职业指导办法，使择业就业，不致于发生错误及杆格之处，而能使各尽其才，各得其所。(2) 职业介绍。各地人力之供求，颇难巧合，某地或某业方感人力过多，以致失业而他处某业或正需人殷切也，是宜各地有职业介绍所之设立，以收取各处情报，以备介绍登记之失业人士前往，以安生业。此在我国已有举办者，可择其办法完善者而采用之。

总之，在各国对失业之应付，或则已设法根本铲除之，或则已由社会救济方式进而为社会保险方式，更进而为社会安全之措施。环顾我国，诸凡落伍，但如迎头赶上，亦未始不可能，要在吾人之努力从事耳。

注释

注一　参阅 Social Work Year Book，1941.

注二　见 National Conference of Social Work.

第十一章　灾民救济、难民救济及贫民家庭之救济等

第一节　灾民救济

我国因天灾特重，救荒或灾民之救济，乃成为我国社会救济之重心，关于历代先贤之嘉猷良规，可资采择者极多。其内容已详论于第二章“我国社会救济失业之回顾”一篇中，而晚近长江黄河流域时有洪水为灾，民国二十年大水灾数百年来所未有，因而救荒之办法上秉先贤之遗规，外审各国之科学方法，对于赈救灾民方法，更日臻完善，其要者有：

(1) 成立特设之专门机关，集公私方面有关之人才综理主持，妥拟计划以专责成。

(2) 发动各国(以至于其他友邦)舆论以促起各方人士之注意及协助。

(3) 筹措巨款,并发动全部财力。

(4) 勘灾。灾情之初步查勘,及继续之详细调查,搜集资料,作施赈之依据。

(5) 急赈。救灾如救火,故灾民嗷嗷待哺,投宿无所,应急办施粥、收容及诊病,有时亦有输送(移民就食)之必要。收容应如何筹谋房舍,如何分类,如何管理,均为技术问题,原有之办法,可资参用也。

(6) 举办农赈及工赈等。在灾情未退时,灾民不必令其空闲,虚耗米粮,大可利用少壮人力,作生产之工作,如垦荒、兴修水利(如筑堤)、修公路等,予以工资,保持其独立自尊心。同时在经济上,亦有所获,是一举而两得也。

(7) 灾情将过时,对于灾民宜早作复员之计划,如输送回籍,贷予种子、小本借贷、作生产之资本或资助其组织信用合作社,以谋资金。

(8) 善后。如打预防针,以免疫病为祟,并结束事务,汇集昭告等。

以上各段详细办法,均可参照第二章及第四章之所提办法及材料,参酌拟定,不再赘述。

第二节　难民救济

我国国步艰难，除天灾外，复常遭人祸，历年来多困于内战，近复遭遇空前之国难，受日人之侵略，战事起处，庐舍为墟，死亡载道，其不幸而逃出之大批人民，流亡为难民，人数何止千百万！幸政府亦有相当之准备，令中央振济委员会以及战地难童收容所设法救济，曾救护不少难民。考难民大部分系平日良民，多系有恒产及职业，只因惨遭兵燹，无法为生，其所以逃难者，一为避开敌人，求生命之安全，二为产业损失，或失业，无以为生，不得不另谋生路，故投奔异乡安全地带，以谋生路。故难民所需要之救济，一为安全，二为生活，三为投奔或行旅之便利，四为安插工作，五为战后之遣送回籍。

针对此种需要，对于难民之救济应有以下数步办法。

(1) 难民登记——指定比邻战区之交通要道或据点，为难民登记之所。登记事项，应包含性别、年龄、原来住址及家庭状况、知识程度、原来技能及择业志趣，并得予以体格检验。手续完毕，可发一难民证，上载明难民略历，起讫地点及日期。

(2) 难民收容——于自战区通达后方安全地带交通要道之各城镇，设立难民站，并附设收容所（各公共场所，如庙宇、寺观、祠堂、大院),收容难民供给临时食宿,并代为输送。难民至难民站,应凭难民证报到,由该站送往指定之收容所食宿,并限期疏散,以让来者。收容所并应附设医药设备,以为难民诊治疾病之用,并应注射预防针,以免传染疾疫。

(3) 难民输送——视难民投奔之路线,分段输送,以步行为原则,遇幼弱婴儿,在可能范围内亦得设法拨用公家交通工具。

(4) 难民安置——难民输送至后方安全地点后,应加以分类及安置。如有亲友可投奔者,令其投奔亲友;儿童可送往各救护儿童机关,如保育院。有一技之长者,为之介绍工作,或用小本借贷方式,助其自立谋生,遇多数同业工人,可助其组织生产合作社,如中国工业合作社所倡办者,其无技能者可送往各学艺机关为艺徒,或组织技术培训班以造就之。其他需长期救济者,如老、弱、幼童、疾病、残废,以至于乞丐,应送往各经常救济机关应付之。我国边地需人力开发,有人建议移灾民以垦殖,亦一有价值之建议,而值得仔细研究者也。

(5) 难民还乡——除一部分难民在外已安生业,或有储蓄作还乡之计外,如尚有一部分难民,于战后欲返故里,可参照遣散灾民办法处理之,在我国战后社会复兴计划中,亦应扣合此项计划也。

第三节　家庭救济

以上各章所讨论之救济的对象均为各个人，为数极多，费用亦巨。惟此处有极易为一般人所忽略之点，即此多数之个人，除少数外，均有家庭，而彼实为无数家庭之成员。普通个人，如家庭境遇不甚恶劣者，好多不幸事件，不易发生，即使发生，亦随时为家庭本身设法解决（如老、弱、疾病、失业等）正如一床棉被，遮去不少弱点。其需要社会救济者，皆家庭所无法救济之畸零人，有不少家庭，堕入贫困之渊已深者，所谓泥足已深，应付较为困难，但亦有不少家庭，初遭贫困之袭击，如在开始发生困难时予以援手，所费无多，而受惠者，绝不止于个人，因全家或不致发生解组，是全家均拜其所赐也。

故谈社会救济者，为正本清源及执简驭繁计，多着重家庭之救济。盖户外救济，如利用家庭单位为根据，为自然及最经济之办法。因家庭为一生活单位，已具有互助合作之精神，且已有不少家庭生活之资源（如住所、用具及些许收入），稍加奖励与资助，即可达到自助之目的，实惠而不费之办法。否则如不此图，当家庭遭遇困难之时，社会不加以援助，将如鲍笃氏所言："社会对于疾病少年犯罪以及其他失调将付更大之代价。"（注一）

我国立国素以亲亲而仁民为精神，社会机构素以家庭为单位。

推而广之，家族及邻里之关系亦甚紧密，故平时一般之社会救济，均已含蕴于此种亲爱互助精神及家族伦理之中。故在欧美所歌颂及希企者，在我国早已存在。故在我国而谈社会救济，更宜保持及发扬此种精神，如对于家庭救济有办法，实可减少一大部分社会救济之担负于无形。

惟我国素为贫穷国家，生活于贫穷线之边缘及贫穷线以下者，实达四分之三以上。贫民家庭何止数千万户。此而言救济，除根本上设法外，如从枝节方面解决，将有不知从何处着手之苦。不但经费方面将需要极庞大之数字，即就人才一项而言，如照美国利用个案法，每四十至五十家庭需一社会工作员，则我国如以五千万个贫民家庭计，则需有一百万以上之社会工作员，除非有奇迹出现，在我国短期间绝难办到。

虽然，就我国目前有限之人力及财力，亦不能说毫无作为。退一步言，仍可就我国平素邻里“守望相助，疾病相扶持”之精神，再参考德国之汉堡制或爱伯福制，即将各城划分数百人家为一区，其中杂有数家之贫民，由该区推举公正人士领导主持，及领导该区民众予以监护及协助（见第三章），而施行之。就我国目前地方自治及保甲制度而论，地方事业之基层为乡镇，乡镇以下为保甲，如将来地方之财政教育建设等工作均由乡镇保甲办理，则地方之社会救济事业亦自应自办，而责无旁贷。其办法约略如后：

(1) 调查办理户口调查时,可同时查明贫困家庭。

(2) 组织以乡镇(约十数保)为单位,保(约百家)为分单位,令各乡镇及保对于其范围内分贫困家庭,遇特殊问题时,得予以调查、监护及协助。

(3) 经费。可用各地方原有之慈善机关经费及财产收入拨充之,同时得收通力合作之效。

(4) 人才。办理此项工作者,如一时无专才可资利用,则只有就办理地方事业之人员,如乡镇长、保长或小学校长等。联带的加以训练,或灌输此项知识,县政府社会科并应派巡回指导员,予以指导。

当然,以上办法不能认为最理想及妥善之办法,但就我国目前环境,贫民如此之众,财力如此之穷,人才如此之少,真是千疮百孔,如能就以最低的限度,有所成就,亦可谓差强人意矣。

此外,尚有伤兵救济(荣誉军人),以及阵亡烈士之家属救济,在此次战役,当在数百万以上,政府应早日注意及此,视为政府急应举办之要政。其办法之繁,规模之大,谅已有详细之研究及妥善之规定。今仅偏于政治及军事问题,本书限于篇幅,不再赘述。

注释

注一　参看 Rose Porter: Public Relief Agencies, chlv.

第十二章　结　　论

社会救济之范围颇广，作者曾就有限之篇幅中，对于各方面问题，仅能稍稍论及，尚未能畅所欲言，已嫌繁复。兹于本书著述将终之际，似应综合的申论，故略书所见，并当结论。

一、社会救济之理想及目标——社会救济系吾人有目的有所作为之社会工作，在社会行政中颇占重要之地位。其发动也，必有理想，其趋向也必有依归。众说纷纭，而作者以为至少应有以下数种观点。

(1) 社会救济应以社会正义为信念，社会上不幸者之救济，为社会义不容辞之职责。据此种信念而实现社会救济，是已变为一种内发的动作，而成效易期。

(2) 社会救济以人类同情心为要素。实施社会救济所利用之工具虽多,而人类相互之同情心,确为极可宝贵可资推动之要素。

(3) 社会救济发挥互助功能为作用。社会救济之实施,须赖群策群力以进行之,复赖有无相助,济困扶危之精神以完成之。故人类互助之功能得以发生作用,实具有教育之价值也。

(4) 社会救济以实现大同思想为终极。社会救济功成圆满,很可以促进大同思想之实现,故其最终之目标,实以此为依归。试观《礼运篇》所谓"大道之行也,天下为公,选贤与能,讲信修睦,故人不能独亲其亲,不独子其子,使老有所依,壮有所用,幼有所长,矜寡孤独废疾者皆有所养,男有分,女有归。货恶其弃于地也,不必藏于己,力恶其于身也。不必为己。是故谋闭而不兴,盗窃乱贼而不作,故外户而不闭。是谓大同"一段,其中一大部分,就是社会救济所要实现者,至为明显。

二、社会救济实施之主要原则——关于社会救济之实施,虽经纬万端,然而稽要钩玄,亦可举其大要:

(1) 社会救济是以不幸或弱小之民众为对象。社会救济直接的是医社会病,间接的是促进社会健康。为社会病之牺牲者,多为不幸之老弱病废流离颠沛之可怜虫,所以社会救济是一种雪中送炭,而不是锦上添花。

(2) 社会救济应发扬民众同情及互助之美德。换言之,社会救济之实施,应发动并利用固有之民力民德方可事半功倍。

(3) 社会救济应治本与治标并重。社会救济如欲彻底,必须治本与治标并重,不但是要随时应付及解决问题,而且是要根本上不使问题发生,故有时社会制度之改善,其效果常远胜于临时救济之成效。

(4) 社会救济应预防及救治并重。社会救济之最经济的办法,莫如注意不幸之预防,而救治则为预防不足之补充,正如个人平日注意健康卫生,则疾病自可减少。

(5) 社会救济应以适合国情及融洽习俗为得策。社会救济应不忘我国固有之文化或历史的背景(古先贤之嘉猷良模,如救荒行政皆有可资借镜之处)及当地之物质条件(如我国为贫乏之农村社会物质条件至苦),如救济院或栖留所,或监狱之设备,如高过一般民众生活水平,则贫民人人将乐于来此,而无法拒绝矣。

(6) 社会救济应改善固有办法而酌采新式科学技术,为实施之张本。我国先贤对于社会救济,虽有不少优良办法,可资采用但以今日之环境大异曩者,为适应此新环境起见,应斟酌损益而活用,切忌胶柱鼓瑟,泥古而不通,今之弊,对于欧西新兴之科学技术,亦不应盲从,或固步自封[①],而应深加研究,并求其能适用于我国环境,斟酌损益而采用之。

(7) 社会救济之实施应谋取政府社会家庭及各个人之通力合

① 现一般写作“故步自封”。

作。社会救济之实施，决非某一方面所能单独为力，善于措施者必同时取得政府方面、社会方面、不幸者之家庭以及不幸者本身方面的指导、赞助以及人力财力之协作，方能收轻而易举之效。

(8) 社会救济应以保持正常之家庭生活及救济机关家庭化为设施标准。家庭生活为最自然及经济的单位，故对于救济的设施应尽量利用原有之家庭资源及便利为上策，即万不得已而需用机关留养，在可能范围内亦应使其家庭化，如寄养家庭、保育家庭等。

(9) 社会救济应注重个人之重要。不幸者之救济，不应止于现状之诊治，而同时须注意恢复其正常之生活，及准备其自立谋生，如习性之改造、职业训练及职业再造等。

(10) 社会救济应有统一之行政机构。社会救济工作，在纵的方面，应该使其单纯化，避免架床叠屋之弊，如因有特殊之工作及使命(如一般之社会救济及记载以及伤兵救济)而有分立之必要，亦应权限分清，而同时注意密切的分工合作。我国现正推行地方自治，社会救济事业自亦在地方事业之范围中，将如何由保而乡镇，由乡镇而县，由县而省，由省而中央，应采取一严整之系统。

(11) 社会救济应与有关之公私机关发生密切之联系。在横的方面，各级社会救济机关，应与有关之机关，如卫生院警察局以及同性质之救济机关谋取密切之联系。如有多数同性质之救济机关同处一处，应该设立一联合办事处，以收分工合作之效，并设置社会服务之交换等，以收通力合作之效。

(12) 社会救济应尽量训练及任用专业人才，实施专业制度。社会救济为一专门性之工作，自有其特殊之技术，绝非任何人所能胜任愉快，故政府在可能范围内(如财力、人力及时间许可)，应及早训练各级人才而任用之。

(13) 社会救济应以政府之资力引发社会之资力，为筹措经费之方针。社会救济事业异常庞大，因之所需经费必极浩繁，而非政府所能担负。最合理而有效之办法，为各级政府与民众之分担制。高级政府稍出资力，以引发下级政府自筹经费，如政府对于地方或私人办理之慈善机关予以几成之津贴或奖金，并借此可以予以监督及指导。中央政府对省府，省府对县府，县府对地方或乡镇保，皆可采用津贴分担制，例如县府对于地方办理救济院，如能筹款五十万，则县府当津贴五十万或津贴几成。至于募集巨款，亦可参酌美国之联合募捐办法。

(14) 拟定及颁布社会救济法。依据事实，经过研究，应就我国实际情形，拟定《社会救济法》，并颁布之，使国内所有之社会救济事业得趋上正轨，而收统一明朗化之效。其内容应包括：(甲) 受救济人——类别资格，及非法之行为。(乙) 救济设施——设置救济院之各所(如安老、育婴、育幼、残废、教养、习艺、妇女敬业各所，以及助产、施药等所) 及其程序、范围限制，及各级行政系统。

(丙) 救济方法——各类不幸者之救济方式、方法及各项物品，服务训练及便利等。(丁) 救济人员——训练及任用以及组织系统等。(戊) 救济费用——经费之预算、筹募、担负、使用以及结束等。

关于《社会救济法》，社会部已拟有初稿，想最近期内经审订后，或可公布施行也。

三、社会救济之前瞻——社会救济本为社会行政之一部分，而且偏重于事态之矫正，稍带消极办法之色彩。在中西各国，行之已久，在不久之将来，社会制度未臻合理化之前，仍有不可缺少之贡献。即使将来因整个社会之日臻完善，仍有其地位(如疾病、残废之处理等)，不过或须变换其形式而已。在美、英各国，为保持社会健康计，已逐步由社会救济而趋向于社会保险，更由社会保险而采取社会安全制度(Social Security)，其方式及方法日趋科学化及大众化。我国实有望尘莫及之势。不过我国系一民穷财尽之国家，百孔千疮，诸凡凋敝，在整个国家社会经济及教育等条件，未得进步前，欲求某一方面不顾一般条件，作超脱的特殊之发展，其事殆有不可能之势，换言之，欲求社会福利行政之发展，尚有待于其他一般条件之配合地进行，方有成就。社会救济亦何能例外？虽然，环境虽属艰苦，条件虽感不足，但抱着稳扎稳打办法，一点一滴地向前做去，终有些许成就。惟无奢望方不至于失望，亦只有不顾失望，方有些许希望也。惟吾人加意努力焉。

附录一

纽约之“老年救济”

（节译自 I. M. Rubinow：The Care of the Aged）

关于老年安全之《公共福利法》于一九三零年四月十日通过，当年五月一日施行。此项法规内之救济于一九三一年一月一日开始实施。

一、行政——如本文所示老年救济由城镇公共福利区以及其他城市执行老年救济者给予。省政府做部分的补助，且由省立社会福利部管理，如公共福利职员于三十日内不能处理某项请求或拒绝请求者，可以向省政府上诉，该案即可重付审查，其决定将拘束公共福利职员之处置。

关于老年救济行政方式之控诉，可以记录存案于省政府，省政府得调查，决定将其判决通告公共福利员，以及是否批准以后之给付，与应付之数量。

二、请求者应具之资格——老年救济之受给者，须：

(1) 年达七十岁者；

(2) 完全或一部分不能自给且无子女或他人能供给其生活者；

(3) 美国之公民；

(4) 在请求老年救济前，曾在纽约省至少居住十年者；

(5) 曾为公共福利区居民之一，且曾经请求至少一年而继续请求者；

(6) 非公私立老人院，或公立院所或任何公私立防护机关，感化院，或医治性院所之一员，但临时在医院受医药或手术救济者得除外；

(7) 未曾亲自签约或转移产业以符合受救济者之资格；

(8) 非为身体或精神情况需要长期院内救济者。

三、给付——救济之数量与给付之方式，均由公立福利机关依个别情形而决定之，且应依据省府规程与条例，救济可包括其他各项，如医药、手术、看护等之免费施行，在可能范围内，亦可用银钱或支票救济，不论何项方式，公共办事人员应对于有受救济之资格者，作适宜之措置。

请求者宜向所住之公共福利住所之公共福利机关请求，一机关之住院者在住院期间，亦可呈请，但当其仍住于机关内时，救济费暂不得付给，请求方式可以由本人自请，或由他人代请，书面或简单的书面申请，应符合本条之规定。

因故废除或减少救济费，为可能的，如暂停给付亦然，每一个案必须常有定期，重新考虑之机会。

救济不是可指定的，而且不是可以移让的。

四、处罚——任何人凡是有错误之记载，或代表或扮演他人或其他欺诈行为，欲得或试得或协助或唆使任何人得老年救济之不合格者，或获得较大于应得之救济者，即属犯罪，如触犯纽约刑法则照刑事犯处分。

五、经费之来源一部分应由省府补助，约占半数，但每一公共福利区须供给居住该区内合格领取老年救济者之费用。

附录二

垫江育婴堂章程[①]

（节录《垫江育婴堂总录》）

一、育婴总理首事，关系非轻，务须先行具禀，公举殷实正直绅粮充当，并无薪水，候批扎饬悬牌承充认真经理，不得由外私议，希图含混交替，致坏公款承充之时，即对神焚疏盟心，以杜侵吞之弊，酌定三年一易，不得把持霸管。每届换期，下届举一人，上届留一熟手，新旧同办，方有头绪，交替之日，必须凭众将一切账目核算明晰，如有侵蚀，随时查案禀究。

一、每年议立总录流水簿据二本，堂内存一本，所有开销各项

① 过去章程条文不编序号，皆以“一”起首。

账目实数，每月朔日，总理携簿至堂，照管账簿据对算一次，总录一本，至年底该首事等将收养婴孩数目，出入账项清算明白，汇造清单，具禀报销，以昭核实。

一、收婴孩必须族龄约保报具，孤贫切结同送入堂，首事查明实无父母，族中亦贫，方能收入，当即验明手指箕斗，发际，旋纹，面体有无痣癍痕迹，或姓氏里居生庚族邻约保一一注明，禀县存案。每月朔日首事会同至堂协管帐[①]查看婴孩箕斗旋纹等样，是否与册符合，以杜老妇疏虞调换等弊，如无别故给前月工资，如有弊端，禀送治罪。

一、举办育婴原为孤贫无依婴儿而设，近有狼毒贫民亦不投告族邻约保具结保送，亦不声明首事，暗将婴孩抛弃堂前，妄冀代抚，盖未设此堂，尚无抛弃之弊，既设此堂，反开抛弃之端，除请示严禁派差严拿外，如忍心抛弃者，着堂内雇工人等随时严密察拿，务获捆送究治以示惩创。

一、堂内不雇乳妇，因有乳妇多系年轻，必有翁姑丈夫往来情弊多端，如所收婴孩，不能自食，尚须乳哺，酌雇贫而慈良之老妇，精办米浆，责令善为调养，视同己子。或访求乡间有乳之妇，子女已革乳者，领婴回家抚养，亦须诚求保护，视如亲生。首事管帐。

① 现写作“管账”。

随时稽察，议定乳妇工资，半月一领，领钱之日，责令该妇负婴至堂听候首事管账逐一察验，必面体无饥瘦情形方给半月工资，否则更换，如婴孩更加肥壮，并查明该妇果系殷勤认真，酌给赏钱，用示鼓励，堂内以米将所养者，亦照此例，首事慎勿惮烦，惟此等婴孩柔弱已极，难禁饥寒，倘有疏虞，难以养成，每届首事管账宜加意焉。

一、育婴堂系属创办，现值经费短少，不能多收酌定暂时收育乳哺者十二名，自能饮食者二十八名，共计四十名，候募捐充足，再为推广。

一、堂内酌雇管账一名，向首事承领总录流水账簿，所入银钱谷米，并每日经发钱米油盐等项，逐件登记簿内，更宜稽查堂内男妇雇工有无侵蚀懒惰及行为不法，以肃堂规，慎勿徇隐串弊，工资酌给，每月朔日将前月入付账目滚扎明悉，听候首事清核，如敢弊混，立即更换，至年终请同首事携簿至堂逐一对算清楚，以便报销，各簿本总注一笔钤盖图章，仍各收存，不准遗失毁坏，俾后核算有据。

一、堂内酌雇厨工、号夫，视人多寡治办饭菜，及作一切杂事，工资酌给，每日均须在堂，无故不许外出，每日柴米油盐听凭管账计口给发，如有尅落弊端查出逐换。

一、堂内酌雇看司一名。经管内外，洒扫早夜启闭，并买菜蔬，油盐及禁堂外抛弃婴儿等事酌给工价。

一、堂内大门常须关锁，无故不准擅开，即有人混入，无论何人立即送县究治，须择一年老未衰之人专司其事，每月酌给工钱，日坐门内看守，不得暂离，如违逐换。

一、堂内所雇管账看司、看门、厨工、号夫、老妇人等，均须不吸洋烟，该首事查明姓氏里居年纪、面貌、务有族邻亲友，妥人结保，方准入堂，何日起工，何事开逐，何人另补，均须注明册内。

一、堂内房屋编有字号，注明一号可容几人，一老妇派领几名，老妇入堂，宜先拈定某字号方进居住，注明册内以免争竞所收某婴，派归某号老妇领管，于册内，某婴名下注明，凡起睡提携衣服浆洗等事，均责成该老妇经管，至六七岁外，不需老妇提携，即分别男女号房，自行安宿，衣服洗浆，仍派老妇兼管，工价酌给，如果勤谨认真，抚育一人，可充数人之役，工资照额加给，用示鼓励，但老妇必须各归各号，不准别寻女工并男工人等杂处偷闲嬉笑，将婴儿疏虞凌虐，一经查出，初次罚减工资，再犯立逐。

一、每岁视婴儿大小高低酌制衣衫帽履，各项散给之时，按名注册，责成领管老妇随时经管，洗浆晒干，勿任潮湿，致受疾病，至于棉衣只作御寒之用，冬各散给，次年春暖，仍凭首事交管帐验明收存，临冬再给，勿任老妇人等尅落。

一、堂内所雇女工，如有子女，不得居留，大门关锁，不准擅出，即本夫有事来堂，只准备隔棚面叙，至族亲来堂看视，亦不准在门外久立，如违将该妇并看门立逐，如有要事，准向首事告假，近者二日为度，远者酌定日数，务令自雇在堂外或外人代理，工人本人开销，告假之时，均由首事验明，所领婴孩有无别故，分别留逐。但亦不准常常告假，男工亦然。

一、堂内婴孩，有病应由管账饬令看司领病人至医家诊脉看方，随至药店照单买药，价值若干，即于单上注明，钤盖图章。以杜浮报，病重者，延医至堂诊视，每天次脉礼随时致送，如医士好义不收，亦听其便，婴如夭折，给予衣板安埋，首事禀明存案。

一、收入婴孩父母既将子女送堂内，恩义已绝，不准再行往来认亲，致生弊端，如有愿领婴孩作子女者，务同约保赴县投俱领结，声明实系某人领作子女，并无贩卖人口及充奴婢等情，倘彼此通同舞弊，一经查出，或被告发，分别禀案治罪，如有冒充婴孩本生父母，向承领之人借故滋事，许承领者扭禀究治。

一、善堂重地理宜严肃，但在通衢路旁，恐有来往流民乞丐，来此借宿，无论堂内堂外均不准暂借栖止，至于雇工人等每日工余，各归各房，不得聚众赌博，违即逐换。

一、堂收公款，为婴孩养命之源，设有亏短贻害匪轻，凡城乡市镇以及施主首人家庆吊会等事，均不馈送礼物钱文，并不捐助外事功果，以节靡费。

一、堂内每月碾米两次，由管账视人多寡，须用食米若干，请首事开库，挎谷随监视厨工号夫等碾出，仍以原斗将米挎收入柜，登簿随时给发，勿任漏吞。

一、禀县酌派户书一人，管理堂事，每年酌给劳资六千文，凡属堂内事件随到随办，不得格外勒索，如借故迟延，首事据实禀请另换。

一、绅粮既将产业好善捐施，即系堂内之业，山林竹木任首事招佃耕种禁蓄，凡施主及其子孙不得借口业主砍伐竹树，霸占边界，亦不得借有捐赀，男妇老幼擅自入堂盘踞，坐食索钱，如违首事据实禀究。

一、堂内银钱器物，不准首事及捐资人等扯挪借用，及以上毛钱调换好钱，即使力能偿还，亦不准融通借贷，倘有徇情私借，系谁经手，立即责谁赔出，俾儆后效，庶免坏公。

一、堂内因事兴讼，无论新旧案件，只给房书纸笔钱二百文，轮差饭食钱二千文，值日代书截计钱一百文，腾录钱四十八文，其有挂号截记传递门礼等项，蒙县主谕，概不准取，永远立案。

一、堂内应收谷石无多，恐岁荒歉收不敷用，酌议收入婴孩，除每年衣食应用之外，每婴每年须存谷二三石不等，存案贮仓，以备不虞，如遇荒年，首事请示开仓动用，秋后劝好善之家捐谷填还，多多益善，免致临时周章，捐户姓名及所捐所寡，禀县立案并注明总簿立石刊碑以彰善举。

一、堂内施业、买业、田地街房、文契等项，禀县存房立案，并照原契，摘录姓名、坐落、里分、价值、租石、立石、刊碑，以便大众周知，田地招佃耕种，令佃户赴房自具佃结，并请殷实人出具保状，于总簿内注明佃保姓名，倘遇水旱，佃户预请首事等看明秋庄晒干，车净量田上中下三等交捁。

一、堂内公田，地土界址、山林、竹木，原约注明，某处、某人界，照契管业责成佃户看守，第恐年历久远，首事迭换，难保无强邻霸占，佃户侵瞒，每届首事交替时，务须新旧同往各处照原约查详，庶免侵占，后有捐卖田地，亦必照办，慎勿惮烦，不致公业侵失茫然不知。

一、堂内男孩至六七岁，举延端正耐烦馆师，在堂教读写字备解，十岁后，如果聪明好学给钱出就外传，倘资质不敏，视其能学何艺，雇艺师入堂教习，供给饭食、劳资，本孩艺成，出堂寻工，仍听首事约束，倘实愚钝不能学艺，至十二岁后，限首事寻觅宽厚殷实人户承领雇工，勿任游荡，流入匪类。女婴至六七岁，该老妇督令学习女工、纺花、织布，由管帐给钱作本责成，看司代为掉卖，每年除还公本外，能赚钱若干，交管帐收存，按名登记，不许老妇看司侵蚀，至十二岁满，择配许人，将所存钱文给作妆奁之资，凡男女出堂，首事等务要慎重，斟酌使其不落匪人之手，庶不负设立斯堂之义。

一、堂内学馆原为收养男孩而设，与义学不同，不准外人来堂搭学，希图混食，馆师亦不可自带子侄门徒至馆，堂内男孩如多，酌量添延，馆师懈怠，随时辞退另聘，不拘一年之限。

后　记

自 1912 年北京社会实进会成立算起，中国社会工作已经走过了一百多年的历程。无论其中经过了多少反复，中国社会工作终于蓬勃地发展起来了。在一百多年的发展过程中，中国社会工作理论界和实务界留下了许多珍贵的历史资料，今天仍然是中国社会工作向前发展的动力源之一。为了深入发掘中国社会工作的宝贵遗产，以服务于当下的社会工作事业，我们特别推出"中国社会工作史料汇编"(第一辑)。

"中国社会工作史料汇编"(第一辑)共有 6 种图书：《社会工作导论》(蒋旨昂著)、《现代社会事业》(言心哲著)、《医院社会工作》(宋思明、邹玉阶著)、《精神病之社会的因素与防治》(宋思明著)、《社会救济》(柯象峰著)、《社会事业与社会建设》(复旦大学社会学系编)。

为尊重历史与保持原书的风貌起见,这次整理仍沿用原书的体例,没有作任何更动。为方便现在读者的阅读,整理者对原书中的个别地方添加了注释,并作了明确标注。原书中有几处地方的文字十分模糊,无法辨认,只能用“□”代替,敬请读者谅解。

本书系根据 1946 年正中书局版本整理,整理者为肖萍,彭秀良做了全面校订。

“中国社会工作史料汇编(第一辑)”编辑委员会

2018 年 10 月